Styckmordet/epilogen

Nya fakta, reflektioner, fragment
av en polisutredning

Omslag: Kim Larsson
Förlag/tryck: Books on Demand
ISBN 9789174636673

# Innehåll

# Inledning

Sommar. Semestertid. Jag ser knappt en människa. En molnig och sval dag. Det regnade i morse. Atmosfären är dämpad. Det är en lämplig dag för min uppgift, en personlig utflykt. Jag går från Fridhemsplan till Karlbergs strand, förbi S:t Görans sjukhus. Jag går till den andra fyndplatsen, eller FP1, som den också kallas. Jag vet att området har förändrats sedan 1984. Det finns nog ingenting att se, och jag vet inte vad som driver mig och vad jag hoppas se och förstå. Förmodligen drivs jag av samma naiva nyfikenhet som alltid. Det var ren nyfikenhet som drev mig när jag började studera fallet da Costa, eller Styckmordet, som fallet kallas i folkmun, och jag är alltid tvungen att ta vara på varje fragment, varje upplevelse, varje kunskapskälla, stor som liten. Jag är absorberad, och det är ju så lätt att bli absorberad av detta makabra fall, som har så många beståndsdelar, ingångar och blindspår. Jag undrar om jag någonsin kommer att bli nöjd, och jag undrar vad jag ska göra med alla faktafragment jag har samlat på mig. Plötsligt har en ny idé, ett nytt papper, en ny plats dykt upp i huvudet, och nu står jag plötsligt under den enorma betongbron. Jag går långsamt runt, försöker skapa en bild av hela området, försöker förstå grunddragen, vad som inte har förändrats sedan sommaren 1984, när en person eller flera personer kom hit och gömde da Costas kvarlevor vid en parkeringsficka, och parkeringsfickan borde väl vara kvar i alla fall. Jaha, det finns visst två liknande parkeringsfickor, och den bortre är väl den rätta, och titta där. Det där är kanske stenarna som jag har sett i förundersökningen. Området runt parkeringsfickan har ändrats, stenarna har flyttats, men visst, det är nog samma stenar Märkligt. Tänk att det är samma stenar. Den eller de som lämnade säckarna passerade stenarna som jag stirrar på. Och där är visst kanotfirmans plåtlada. Samma kanotföretag som fanns på Eugeniavägen. En lustig slump. Jag ser enstaka människor, motionärer, hundägare. En postbil susar förbi. Asfalten är fin, inte sliten som 1984. Det är lätt att hitta bråte och sopor som slängts längs Ekelundsvägen, på platser där ingen brukar gå. Trasor, plast, kasserat byggmaterial. Detta är fortfarande en dumpningsplats, en stilla skuggzon, i grunden samma plats som 1984. Jag förstår varför platsen valdes. Jag tycker att jag förstår en hel del. Och jag undrar vad mina kunskaper är värda. Jag kanske borde skriva något. En dikt eller en artikel, eller en essä, eller en bok. En bok. Det kunde bli en hel bok.

# 1. Bakgrund

Fallet da Costa - känt för allmänheten som Styckmordet - är ett av Sveriges mest kända, omdebatterade, missförstådda, vanvårdade, mytomspunna och politiserade rättsfall. Liksom Palmemordet har fallet da Costa blivit ett evigt tvistefrö och ett nationellt trauma. Eftersom fallet da Costa blev grundligt misshandlat av polisen, rättsväsendet och media under många år har det skapats en djup kollektiv misstro - det går inte längre att veta vilken instans som går att lita på, och förtroendet för polisen och rättsväsendet har skadats.

Det är också många enskilda personer som har tagit stor skada under åren. Da Costas anhöriga och vänner har konsekvent blivit svikna och missledda, Teet Härm och Thomas Allgén (kända som Obducenten och Allmänläkaren) har fått sin hälsa, sina karriärer och sina nära relationer förstörda. Härm och Allgén är både justitiemördade och offentligt karaktärsmördade, och de har förgäves kämpat för offentlig upprättelse och skadestånd.

Och da Costa själv har inte alls fått den rättvisa som många sa att de slogs för. Medan polisen och rättsväsendet försökte binda Härm och Allgén till ett brottsscenario som var bestämt redan i förväg kunde den eller de personer som visste sanningen om da Costas död andas ut, och få brottsoffer har väl blivit så missförstådda och förskönade som da Costa. Den bild av da Costa som har spridits av media hade mycket lite med verkligheten att göra. Om meningen var att da Costa skulle få rättvisa borde bilden av henne vara rättvis och realistisk. Utan en rättvis bild av offret kan ju inte brottet förstås.

Men låt oss ta allt från början. Denna sorgliga historia började med ett dödsfall, ett ganska väntat dödsfall. På sommaren 1984 försvann den prostituerade narkomanen och narkotikalangaren Catrine da Costa. Hennes anhöriga började sakna henne i slutet av juni. Da Costa fyllde år den nittonde juni, och hon brukade ringa sin mor och syster varje år och säga vart presenterna skulle skickas. På sommaren 1984 hörde hon inte av sig som hon brukade.

Delar av da Costas styckade kropp hittades senare på sommaren, dumpade och förpackade i svarta plastsäckar. Kroppsdelarna hittades på två platser i Stockholm, vid Ekelundsvägen och på Eugeniavägen, ett par kilometer från Ekelundsvägen.

De kroppsdelar som hittades var ett bröst, armarna, låren, underbenen, bäckenet och den övre bålen. Huvudet, halsen, den nedre delen av bukväggen, det andra bröstet, inälvorna från buken, inälvorna från bäckenet och da Costas kläder och smycken återfanns aldrig.

Da Costa hade levt ett väldigt självdestruktivt och kaotiskt liv, och på våren och sommaren 1984 befann hon sig i fritt fall. Hon hade tappat kontrollen över sitt blandmissbruk, hon var bostadslös som vanligt, hon var osams med flera personer i Stockholms missbrukarkretsar, och eftersom hon sålde sex på Malmskillnadsgatan kunde det tänkas att hon hade dödats och styckats av en sexkund. Polisen hade många uppslag och många personer att förhöra, men Da Costas kretsar var inte lätt att samarbeta med, av naturliga skäl. Det fanns en vilja att hjälpa polisen, men många av da Costas bekanta saknade fast bostad, de hade egen brottslighet att dölja, de misstrodde polisen, och missbruket fördunklade minnesförmågan.

Informationen som polisen fick togs inte heller tillvara, och snart fokuserade sig polisen på en udda och osannolik person i sammanhanget, läkaren Teet Härm, som senare blev känd som Obducenten med hela svenska folket. Härm hade ingen personlig koppling till da Costa, han var ostraffad och hade ingen koppling till den kriminella värld där da Costa hade levt. Härms anhölls på vintern 1984, men släpptes snart. I slutet på 80-talet drogs en till läkare in i utredningen. Det var Thomas Allgén, också känd som Allmänläkaren. Allgén kände Härm ytligt, var ostraffad och hade inte heller någon personlig koppling till da Costa eller den kriminella världen. De båda läkarna ställdes inför rätta 1988, anklagade för att ha dödat da Costa och styckat hennes kropp. Läkarna fälldes inte, men de förklarades skyldiga till styckningen ("brott mot griftefrid") i ett domskäl, och de fråntogs sina läkarlegitimationer, trots att bevis, indicier och hållbara vittnesmål saknades. Domskäl går inte att överklaga, läkarna var socialt och medialt brännmärkta, och allmänheten fick snabbt uppfattningen att läkarna hade blivit dömda, och den uppfattningen finns fortfarande.

I slutet på 90-talet tog polisens cold case-grupp upp fallet på nytt, men då upprepades misstagen från 80-talet. Gruppen fick snabbt tunnelseende, fallets mest intressanta personer glömdes bort, och arbetet fokuserades på två icke-våldsamma, ostraffade män i Solna. En av männen hade en bevisad koppling till da Costa, och den andre mannen hade det inte. Männen brukar kallas "Uffe" och Nils (eller "Solnamannen"). Undersökningen av "Uffe" och "Nils" var helt resultatlös. Frågan är om cold case-gruppen ens hade läst polisutredningen från 1984, för tidigt i utredningen hade polisen bara ett utvecklat spaningsobjekt, och det var "Vincent", också kallad "Hästdödaren". Att cold case-gruppen inte hittade hans namn i pappersmassorna är något av ett mysterium. "Vincent" var en mycket problematisk, obehaglig missbrukare och brottsling som huserade ett stenkast från en av platserna där da Costas kvarlevor hittades, och efter hennes död höll han sig envetet undan från polisen. "Vincent", hans umgänge och arbetsplats presenteras utförligt i denna bok. "Vincent" är en av de personer som mycket väl kunde ha känt till sanningen om da Costas död, men detta betyder inte att han måste vara en likstyckare eller mördare.

Fallet da Costa är nu officiellt avslutat av polisen, och läkarna är friade från misstankar. En handduk som hittades bredvid da Costas kvarlevor har DNA-testats, och läkarnas DNA hittades inte på handduken. Det har också föreslagits att trippelmördaren Stanislaw Gonerka och "Vincent" ska DNA-testas, men det kommer inte att göras några fler DNA-tester än de som gjordes i början på 2000-talet.

## 2. Kommentarer om arbetet

Denna bok har fyra centrala syften. Boken vill avmytologisera Catrine da Costa, ge en mångfacetterad och realistisk beskrivning av den ursprungliga polisutredningen, presentera och analysera personer och omständigheter som borde ha utretts av polisen, och boken vill också belysa vissa avgörande men förbisedda medicinska faktorer.

Boken har inte som syfte är att lösa fallet da Costa, och syftet är inte heller att identifiera den eller de som styckade da Costas kropp och kanske också dödade henne. Jag kan inte vara nog tydlig med detta. Det är inte längre möjligt att avslöja sanningen om da Costas död. Det är helt enkelt för sent.

Boken är brett upplagd och medvetet fragmentariskt uppbyggd, i enlighet med det brokiga material som har funnits till hands. Och jag vill inte ge en illusion av att fallet da Costa har en enhetlig struktur. Det jag har haft att tillgå är bara en mängd fragment, hämtade från flera olika polisutredningar, men jag har upptäckt att vissa fragment korresponderar med varandra. Att läsa flera olika polisutredningar parallellt har varit ytterst givande. Resultatet av mitt arbete har blivit flera faktapussel, och dessa presenteras var för sig, i egna kapitel i boken.

Alla faktafragment, förhör och spaningsuppslag samverkar inte i boken. Det finns inget fullständigt pussel att lägga, och vissa passager i boken har ett egenvärde - de kan hjälpa läsaren att förstå polisutredningen, hur da Costa levde i och vilken sorts människor som fanns där. Leif/citymördaren och mannen som ska ha bundit en kvinna på ett bilflak är tyvärr typiska för den riskmiljö som da Costa levde i.

Boken innehåller både hela spaningsuppslag från 80-talet och utdrag ur spaningsuppslag. I flera fall har jag avstått från att redigera spaningsupp-slagen. Jag har valt att citera spaningsuppslag ordagrant, eftersom de är detaljerade och talar för sig själva. Jag litar på att läsaren kan dra egna slut-satser, och spaningsuppslagen ger också trovärdiga och levande beskrivningar av da Costa, hennes umgänge och livsföring. Da Costa är ett av våra mest mytologiserade brottsoffer, och för att förstå detta fall är det nödvändigt att veta vem da Costa verkligen var.

Boken är baserad på polisens arkiverade material (spaningsuppslag, förhör och bilder) och personliga berättelser. Under arbetet med boken har jag ställt frågor till personer som har varit i personlig kontakt med vissa personer som figurerar i boken.

Det samlade da Costa-materialet är omfångsrikt, och det har varit svårt att göra ett rättvist urval. Självklart kan läsaren ha synpunkter på vilka förhör och spaningsuppslag som boken innehåller, men da Costa-utredningen är till största delen offentlig, och den specialintresserade läsaren kan själv kontakta polisen och beställa material.

Jag reserverar mig för enstaka faktamässiga misstag som kan ha gjorts under arbetet med boken. Jag är varken polis, läkare eller kriminolog. Jag är amatör inom de flesta specialområden som boken avhandlar, men jag är kompetent nog att bedöma mental hälsa, eftersom jag har lång erfarenhet av psykiatrin, där jag har vårdat gravt sjuka patienter. Att vissa personer som beskrivs i denna bok var både farliga och psykiskt avvikande är fullständigt uppenbart.

Bokens stil är medvetet komprimerad, ordknapp. Boken innehåller mycket specialiserat material, och jag har velat hålla mig på en pedagogisk common-sense-nivå. Jag har strävat efter klarhet och begriplighet, och meningen är att boken ska kunna läsas av vem som helst, utan professionella förkunskaper.

Boken innehåller några faktamässiga upprepningar, eftersom vissa personer, händelser och tidpunkter kan sammankopplas, och vissa faktafragment kan ha betydelse i mer än ett kapitel i boken.

Detta är antagligen den sista uttömmande boken om fallet da Costa, ett av Sveriges mest misskötta och missförstådda rättsfall. Detta är: epilogen.

Alla namn utom de mest välkända är fingerade eller dolda.

* * *

Jag vill rikta ett stort och varmt tack till de som har bidragit med personliga berättelser och de som har hjälpt mig med faktaletande och faktagranskning.

# 3. Catrine

Catrine da Costa föddes i Luleå 1956, och hon hette från början Catrine Bäckström. Hennes familj flyttade till Stockholm 1959. Två år senare skildes Catrines föräldrar. Catrine började arbeta direkt efter grundskolan, och hade kortare anställningar. Hon arbetade bland annat som barnskötare. Under uppväxten bodde Catrine med sin mor. Catrine flyttade från modern 1973.

Enligt Catrines mor var Catrine en snäll och blyg flicka under uppväxten, och modern trodde att Catrines osäkerhet kan ha varit en orsak till att hon började använda narkotika, för att bli säkrare på sig själv. Enligt modern försökte Catrine upphöra med narkotikamissbruket under 1984, och Catrine ska inte ha uttryckt några självmordstankar.

I mitten på 70-talet började Catrine missbruka centralstimulantia, och 1975 inleddes hennes heroinmissbruk. Samma år födde Catrine sitt första barn, som omhändertogs av de sociala myndigheterna. Fadern lämnade Catrine. Kort efteråt inledde Catrine en ny relation, som varade i två år.

Från och med 1975 var Catrine aktuell på olika vårdinrättningar, t.ex. Karolinska sjukhuset och Maria polikliniken, där hon vistades från och med 1979.

År 1979 träffade Catrine den portugisiske medborgaren J*** da Costa, som gifte sig med Catrine 1982. Catrine fick ett barn med J***. Barnet föddes 1981. Catrine och J*** träffades i Portugal, och Catrine ville ta med sig J*** till Sverige, men när J*** passerade tullen hittades narkotika på honom. J*** straffades för narkotikabrott och utvisades från Sverige. Efter utvisningen åkte Catrine ofta till Portugal för att besöka J***, och hon hade också planer på att resa till Portugal på sommaren 1984.

Under en kort period bodde da Costa hos en man i Waxholm. Detta ska ha skett 1982. En av Catrines väninnor trodde att mannen var heroinlangare, och att han hade fattat tycke för Catrine, men känslorna var inte besvarade.

Catrine omhändertogs enligt LVM (lagen om vård av missbrukare) 1983 och vistades på då behandlingshemmet Östfora.

År 1983 lärde Catrine känna den djupt problematiske Vincent, om vi ska tro på Vincents egna ord. Vincent förhördes i februari 1985, och han sa då att han lärde känna Catrine "för ett par år sedan". Vincent var polisens centrala spaningsobjekt efter Catrines död, och hans plats i utredningen är högst intressant. Vincent ska ha umgåtts med Catrine ungefär ett halvår innan hennes död. I förhöret från 1985 säger han att han träffade henne "i fjol", vilket bör betyda att han träffade Catrine på vintern 1983 eller 1984.

L***, en av Catrines bekanta som prostituerade sig på Malmskillnadsgatan, kände Catrine i 10 - 15 år, och L*** uppgav för polisen att Catrine var tvångsintagen på behandlingshemmet Rönnagårdern på våren 1984. Under vistelsen på Rönnagården ska Catrine ha bestämt sig för att upphöra med sitt missbruk. Efter vistelsen på Rönnagården såg L*** inte Catrine förrän sent på våren 1984, möjligen i juni.

Under sin sista tid var Catrine nedgången. Hon hade tappat kontrollen över sitt missbruk, injicerade narkotika i händerna och drabbades av krampanfall. Enligt vittnen tuggade hon på sina händer under ett av anfallen. På våren omhändertogs Catrine och fördes till Södersjukhuset. Hon hade kollapsat i en tunnelbanestation. Catrines pupiller var minimala. Ambulanspersonal tillkallades av väktare, som hade hittat "ett tokigt fruntimmer".

Catrines umgänge är svårt att kartlägga, men vi vet att hon umgicks med en stor och brokig skara människor på sommaren, bland annat "Arkitekten" (en sexköpare på Östermalm som brukade ge da Costa husrum) , bilmekanikern T*** Å***, dennes vän B*** M***, missbrukaren N*** K***, missbrukaren S*** S***, missbrukaren C*** B*** och "Beppan" (vars riktiga namn inte har gått att hitta). Flera av Catrines vänner försökte hjälpa polisen i utredningens början, och de har bidragit med många användbara uppgifter, men dessa användes inte i utredningen, som havererade på hösten 1984.

Under alla år då Catrine missbrukade saknade hon fast bostad. Hon övernattade hos vänner och torskar, och bodde också på olika hotell, till exempel Hotell Acapulco på Södermalm, Maranatas hotell på Norrmalm och Hotell Gustav Vasa i Vasastan.

Enligt väninnan Vicky skilde sig da Costa från de andra kvinnorna som prostituerade sig på Malmskillnadsgatan. Da Costa hade klädsmak, vårdade sitt yttre och visste hur hon skulle föra sig i finare salonger. Ett av Da Costas favoritplagg var en höftlång päls av rävskinn.

Da Costa använde 3-4 "kabbar" (a´ 0,2 gram) heroin om dagen, och hon använde också andra sorters narkotika, beroende på vad som fanns till hands. Beträffande alkohol har Vicky sagt att da Costa aldrig prostituerade sig berusad, och hon skulle aldrig vara berusad i samvaron med en kund.

Vicky har också sagt att da Costa kunde lura en kund utan några som helst samvetsförebråelser, och det hände också att da Costa stal från sina kunder.

Pensionären R*** L*** kände da Costa väl och förhördes 1984. R*** L*** sa att da Costa hade stulit hans värktabletter, som han behövde efter en bilolycka. Det finns ingen anledning att betvivla hans påstående.

Da Costa verkar ha haft en svag självbevarelsedrift, och hon hade problem med pengar, vänner och knarkkontakter in i det sista. Kort innan hon dog köpte hon heroin på krita, planerade att lura två narkotikakunder, lånade pengar, blev utkastad av "Arkitekten", och hon blev både misshandlad och hotad, antagligen i samband med narkotikaaffärer.

Enligt en en pensionerad äldre läkare (en av da Costas många tillfälliga hjälpare) hade da Costa ringt honom och varit förtvivlad. Da Costa var livrädd, och flera personer (antagligen narkotikalangare) hade hotat henne.

Flera vittnen som kände Catrine uppfattade henne som oförsiktig och  naiv, men hon hade en hård sida – hon försökte begå två  bedrägerier i början på 80-talet, och när hennes död utreddes sa vittnen att Catrine sålde narkotika. Catrine har bara blivit ihågkommen som prostituerad, men enligt vittnen sålde hon cannabis och heroin.

Vittnet E*** J*** sa att Catrine var "stor i heroin", hon ska ha använt "Arkitektens" telefon för att sköta sina "knarkaffärer", och så sent som den 8/6 1984 ska en narkotikaaffär ha gjorts upp på Södermalm. Catrines knaklangande kopplades dock aldrig samman med hennes död, vilket är väldigt märkligt. Att en sliten, spenslig kvinna som säljer narkotika, skaffar sig skulder, stjäl och luras lever farligt är ju fullständigt uppenbart.

När Catrine dog var hon inte särskilt känd för polisen. Det är kanske inte så konstigt. Catrine brukade resa mellan Portugal och Sverige, och hon bodde i Portugal under långa perioder. På våren 1982 förhördes Catrine, och hon sa då att hon hade varit i Portugal i fyra år. På sommaren 1983 resten hon iväg igen, och kom tillbaka till Sverige på hösten 1983. Om dessa uppgifter stämmer så tillbringades ungefär två av hennes sex sista år i Stockholm, och vistelsen i Stockholm var uppdelad på två korta perioder. Dessutom vistades hon på olika behandlingshem under 80-talet, och den sammanlagda tid som hon tillbringade i Stockholm på 80-talet verkar inte ha varit särskilt lång.

Den beskrivning vi har av Catrines liv är tyvärr väldigt fragmentarisk. Den längsta sammanhängande beskrivningen av Catrines dagliga liv kommer från hennes vän N*** K***, som förhördes 1984, strax efter Catrines död.

NK:s berättelse är så detaljrik, levande och persontät att jag har valt att återge den i sin helhet. Allt som N*** K*** sa ska självklart inte tas för sanning, men han har säkerligen gett den mest detaljerade och realistiska beskrivningen av Catrines sista tid, och hans berättelse befinner sig mycket långt från löpsedlarna, folkmyterna och de osannolika skräckfigurer som vi har lärt känna som Obducenten och Allmänläkaren.

# 4. Brott/utredningar: da Costa (1982)

I april 1982 anmäldes da Costa för hotellbedrägeri. Hon hade smitit från en hotellnota. Personalen på Hotell Acapulco talade med da Costas syster och da Costas socialsekreterare, och socialsekreteraren rådde personalen att gå till polisen. Hotellvistelsen kostade 3760 kr. I den kostnaden ingick samtal till Portugal. Personalen talade med da Costa på morgonen den 14/4, men sedan var hon försvunnen.

Da Costa erkände bedrägeriet, och uppgav att hon varit utan pengar.

Den 21/4 1982 kl. 17. 20 beordrades polisen till Sparbanken på Hamngatan i Stockholm, där da Costa greps.

Hon misstänktes för grovt bedrägeri, urkundsförfalskning, häleri och stöld. Hon misstänktes för att ha försökt ta ut 11 000 kr på Sparbanken, med hjälp av en stulen bankbok, ID-kort och en förfalskad fullmakt. Hon förhördes av bedrägeriroteln och förnekade brott.

Da Costa uppgav att hon hade fått i uppdrag av en okänd person att stå som fullmaktshavare på en fullmaktssedel och att skriva sin namnteckning på uttagsblankett med beloppet 11 000 kr. Da Costa skulle får 50 kr för tjänsten, och hon uppgav för polisen att hon inte hade anat att det var fråga om stulna handlingar.

Den stulna bankboken tillhörde A** B***, som arbetade som servitris på Restaurang Lyktan. När A*** B*** förhördes berättade hon att hon dukade bord den 21/4. Hon hade inte uppsikt över sitt värdeskåp, och kollegor sa till henne att okända personer hade varit i närheten av värdeskåpen.

Ung. en timme innan gripandet hade A*** B*** varit inne på Sparbanken och spärrat sin bankbok.

Polisen tog kontakt med A*** B*** på hennes arbete och meddelade att bankboken fanns i polisens förvar. A*** B*** uppgav att hennes handväska stulits strax efter kl. 16.00. Personalen på hennes arbetsplats (rest. Lyktan) förvarade sina privata ägodelar i ett skåp nära serveringen. Nyckeln till värdeskåpet förvarades i kassaapparaten. Enligt ett vittne hade en kvinna med da Costas signalement gått fram till kassan, fått upp den, tagit nyckeln till de anställdas skåp, gått fram, öppnat skåpet och tagit AB:s väska, ropat på sitt sällskap, och sedan hade de lämnat lokalen.

Da Costa förnekade brott, och hon sa att hon inte kände till Restaurang Lyktan, och hon sa också att hon inte visste vem det var hon skulle hjälpa, och att den okända personen plötsligt försvann.

# 5. Förhör med SS (84-08-22)

Protokoll fört vid förhör
84-08-22 klockan 15.30 i
polisbil vid Café Opera
med S*** S***, fd
xxx, boende
N*** 9 i Hjort-
hagen, tfn xxx
inför krinsp A B*** och I E***

Förhöret hållet i anledning av mord på Da Costa

S*** berättar att hon väl känner den mördade Catrin Da Costa. Hon säger att hon träffade henne vid två tillfällen under försommaren, hon kan inte tidslägga dessa två men hon säger att det var sommar och varmt och strax före det att den sk regnperioden satte igång. Beträffande det första tillfället kom S*** ner mitt på dagen, hon kan inte säga vad det var för dag, annat än att det var en vardag och på en bänk satt Catrin tillsammans med en äldre man och som vad S*** förstår är den man som Catrin bott med en tid nere i Småland. Catrin medförde då en väska samt att hon även hade en mycket stor radiobandspelare. Hennes avsikt var att bege sig till centralstationen och ta ut tillhörigheter för vidarebefordran hem till S*** av den anledningen att S*** erbjöd Catrin att bo hemma hos sig. S*** var ensam vid detta tillfälle. S*** kan inte påminna sig hur hon var klädd. Det fanns ett visst resonemang och som S*** fattade det Catrin hade bott strax före på hotell Gustav Vasa i Vasastaden.

Därefter skildes dom två åt och överenskommelsen var att Catrin skulle komma hem till S*** på kvällen. Hon kom dock inte, hon uteblev och höll sig borta i ca en vecka då S*** återigen var på besök nere i Kungsträdgården och kom Kungsträdgården fram från café Opera mot Sverigehuset och under vägen mötte hon Catrin, bägge flickorna var ensamma så vitt S*** kommer ihåg. Hon bar nu inte på bandspelaren. Catrin gav en anledning till att hon inte hade kommit hem, S*** har en uppfattning om att möjligen kunde polis varit inblandad p g a hennes utevaro men hon har helt tappat minnesbilden om detta förhållande. Kort därpå skildes de bägge flickorna och därefter har S*** icke haft någon som helst kontakt med Catrin. Hon kan inte säga hur Catrin var klädd vid det sista tillfället, hon kan inte heller säga vad Catrin hade för planer och möjligen är det enda hon kommer ihåg att Catrin bar på en sammetsröd väska. Sistnämnda möte ägde rum under sena eftermiddagen omkring 17.00-18.00 på kvällen.

Vid bägge mötestillfällena säger S*** att Catrine verkade "flummig" eller rättare sagt tablettpåverkad av någonting, i vart fall var hon inte vid full vigör.

S*** säger vidare att flickorna på stan i cityområdet har sagt att dom är inte särskilt förvånade över att det som hänt har hänt just Catrin av just den anledningen att hon stod ofta mer eller mindre och halvsov i sin pillerpåverkan och utan en tanke på vilka kunder hon tog så gick hon rakt in i en bil till vem som helst. Hon säger vidare att hon haft sällskap med C*** B*** och att hon vet också att C*** B*** känner Catrin men hon har ingen känsla för att C*** B*** skulle varit med henne vid något av de mötestillfällen som är nämnda.

I övrigt har S*** ingenting ytterligare att tillägga.

Stockholm som ovan

A*** B***
krinsp

# 6. Spaningsuppslag: NK/förhör (84-09-06)

Uppgiftslämnare: N*** K***

Brott med vilket uppgiften hör samman: mord

<u>Anknyter till spaningsuppslag EE 11-3</u>

<u>Fredagen 1.6.84</u>

K*** uppger inledningsvis att han sedan flera år tillbaka har känt da Costa genom deras missbruk av narkotika. När de träffades på fredagen var det flera månader som hade förflutit från det senaste mötet. K*** träffade da Costa på Hamngatan alt i Kungsträdgården. Han har uppskattat tidpunkten till 1800-1900 på kvällen. De promenerar till Skeppsholmen och tar en "fix" tillsammans. K*** uppger att de båda vid tillfället "fattar tycke för varandra". De återvänder till city. När de befinner sig på Hamngatan iakttar da Costa en personbil som står parkerad vid trottoaren. K*** har en vag uppfattning om att föraren signalerar på henne. Da Costa blir irriterad på föraren och säger till K*** att detta är "min torsk från Småland". Hon säger även att han är "jobbig, påhängsen samt väldigt svartsjuk". Da Costa verkar väldigt trött på mannen. Da Costa och K*** kramar om varandra innan da Costa återvänder till bilen. Han ser att mannen åker ifrån platsen med da Costa som passagerare.

<u>Beskrivning på fordonet:</u> VOLVO av äldre fabrikat, troligtvis 140-serien, kan ej ange huruvida bilen var försedd med två (2) alt. fyra dörrar. Färgen var mörk, mörkblå alt. mörkgrön.

<u>Da Costas klädsel vid tillfället:</u> iklädd en modejacka av pilotmodell, försedd med flera fickor, knäppningen alt. blixtlåset var placerat på sidan av jackans framkant. Färgen på jackan var mossgrön. K*** säger ang. jackan att den var ett av hennes favoritplagg. Han saknar beskrivning på byxor samt skor.

Innan da Costa åkte med "torsken" från Småland hade hon lovat att ringa till K*** under helgen. K*** uppger att mannen i bilen var ensam i fordonet när da Costa steg in i bilen.

## Lördagen 2.6.84

Da Costa ringer aldrig till bostaden. K*** träffar aldrig henne i city.

## Söndagen 3.6.84

Da Costa ringer ej heller denna dag till K***. K*** kommer inte att träffa henne under dagen.

## Måndagen 4.6.84

På eftermiddagen befinner sig K*** utanför Sverigehuset, Hamngatan. Da Costa kommer ledandes på en damcykel. Hon säger att hon stulit cykeln. Hon beklagade att hon inte hört av sig under helgen. Gemensamt söker de efter narkotika under flera timmar i Kungsträdgården och dess omgivningar. Efter flera timmars sökande träffar N*** K*** W*** N*** i närheten av Thehuset. W*** N*** säljer narkotika till K***. Samtidigt på plats finns en annan köpare som kallas för O***. När köpet görs upp kommer en tredje mansperson till platsen och önskar även han köpa narkotika av W*** N***.

Efter köpet promenerar K***, da Costa och den tredje (okända manspersonen) mannen ut till Skeppsholmen. De tar sin "fix" gemensamt. Da Costa ch K*** promenerar tillbaks till Kungsträdgården. De skiljs i Kungsträdgården, eftersom da Costa har för avsikt att tjäna ihop lite pengar på Malmskillnadsgatan. De träffas senare ungefär vid 2100-2200-tiden och åker gemensamt med tunnelbana till adressen S***vägen 7, H***. I bostaden berättar da Costa om hennes avsikt att försöka köpa några kattungar. K*** har en vag uppfattning om att hon visade någon annons för honom. Hon nämner även om att försöka få tag på en lägenhet. På sennatten tar hon en ny "fix" och blir senare väldigt trött och insomnar. K*** anger såsom förklaring till hennes trötthet att hon hade för vana att missbruka sömnmedel. Båda två sover hela natten till tisdagen den 5.6.84.

Beskrivning på damcykeln: ev. 26 tum, handmålad i flera färger med kraftigt inslag av rosa. På cykeln hade hon en s.k. cykelkorg ev. flätad.

Beskrivning på mannen som följde med K*** och da Costa ut på Skeppsholmen:

Den tidigare omnämnda tredje mannen. ålder 25 år, längd 180 cm, mediär kroppsbyggnad, ljust hår, kortklippt, skägg saknas, ev. mustasch. Mannen sa att han "tänt av" för cirka 6-12 månader sedan. Han skulle inte ha vistats på Narconon (uppgift från K*** som själv vistats på Narconon). Mannen gav ett prydligt intryck och var välklädd. Mannen berättade om sitt yrke och nämnde något om sin hantering av charkuterivaror, ev. att han var kötthandlare, förestod köttlager eller sysslade med transport av charkuterivaror. K*** känner igen honom sedan tidigare.

## Tisdagen 5.6.84

K*** och da Costa vistas i lägenheten tidigt på morgonen. K*** lämnar da Costa och åker ensam in till city. Han uppger att han ringer vid upprepade tillfällen under tidsperioden kl. 1500-1700. Han får aldrig kontakt med da Costa. Han träffar henne senare på kvällen (har ej kunnat fastställa tidpunkt) i Kungsträdgården. Hon säger att hon lämnat bostaden strax före den sista påringningen. De skiljs efter en stund och K*** förväntar sig att da Costa skall ringa till honom eller komma ut till honom under kvällen. Da Costa ringer eller besöker honom inte under kvällen.

## Onsdag 6.6.84

K*** vistas i bostaden på S*** 7, H***. Ungefär kl. 0930-1000 ringer da Costa till bostaden. K*** får intrycket av att samtalet rings från city, eftersom han hör kraftigt trafikbuller i bakgrunden. K*** frågade varför hon inte ringt till honom under tisdagskvällen. Hon svarade att "det blivit lite rörigt". Under samtalets gång berättade da Costa att hon på onsdagsförmiddagen hade för avsikt att köpa en bandspelare vid Hötorget. Tidpunkt var bestämd till kl. 1100. K*** åker till platsen och anländer kl. 1100. K*** väntar och ser plötsligt "K*** V***" som är i sällskap med sin tjej K*** (prostituerad). K*** V*** går fram till N*** K*** och under samtalet framgår att K*** V*** bestämt träff med da Costa. K*** V*** berättade att avsikten med att träffa da Costa var att han skulle sälja en bandspelare. K*** V*** berättade även att han tillsammans med K*** stulit bandspelaren på en hamburgerbar, förmodligen "Clock" vid Fridhemsplan. Av omständigheterna framkom vidare att K*** V*** och K*** gått in på en toalett på hamburgerbaren för att ta en "fix". De somnade och vaknade efter stängningstid. De var inlåsta och ensamma. Lokalerna genomsöktes och i lunchrummet hittades bandspelaren. De har därefter på ett okänt sätt tagit sig ut från lokalen.

Under samtalet mellan N*** K*** och K*** V*** framkom även att K*** V*** och K*** körts till Hötorget av KVs far. N*** K*** fick intrycket att fadern väntade i bil utanför Hötorget. Efter cirka 20 minuters väntan, således 1120, kom da Costa ensam till mötesplatsen. N*** K*** frågade K*** V*** om det inte var väl dyrt att köpa en stulen bandspelare för 1000 kr. K*** V*** menade att bandspelaren en "toppengrej" med en rad av tekniska finesser. K*** V*** sålde radion till da Costa för 900 kr. Da Costa tyckte att hon hade råd med köpet eftersom hon under natten till onsdag tjänat ihop cirka 1500 kr. N*** K*** frågade vart hon tillbringat natten. Hon svarade att hon sovit över hos några polare. N*** K*** uppfattade svaret på så sätt att hon inte sovit över hos någon "torsk".

Efter köpet placerar da Costa bandspelaren, väska med kläder i en förvaringsbox vid T-baneuppgången, station Hötorget.

Beskrivning på K*** V***: ålder högst 25 år, kroppsbyggnad smal, längd 175 cm, ljushårig, skägg samt mustasch saknas, håret är vågigt, halvlångt, hemvist förmodligen i Farsta. K*** V*** är missbrukare.

Beskrivning på K*** (KV:s fästmö): ca 25 år, mellanblond, risigt hår, kroppsbyggnad mediär (är prostituerad).

Efter inlåsningen av väskan samt bandspelaren promenerar de till Kungsträdgården. Innan dess har cykeln hämtats vid Hötorget. De promenerar Sveavägen-Sergelstorg-Hamngatan. Vid Gulins går da Costa ensam in i butiken och N*** K*** väntar utanför. Hon berättade att hon hade för avsikt att köpa sig en T-shirt eller en skjorta. Hon kommer ut från butiken utan kläder. Hon visar stolt upp ett genomskinligt plastetui till cigarettpaket som hon stulit i butiken. De fortsätter mot Kungsträdgården. På plats finns ett stort antal missbrukare men någon narkotika finns ej tillgänglig. Da

Costa cyklade runt på sin cykel i omgivningen. Efter en stund kom da Costa gående och berättade om en "torsk" som hon träffat på serveringen "Sju sekel". Hon återvände till serveringen och drack öl med mannen. N*** K*** såg aldrig mannen ifråga. Hennes avsikt var att "pumpa" lite pengar av mannen. Da Costa hade vid tillfället 500 kr på sig vilket var köpesumman för en kapsel. Hon behövde ytterligare kontanter för inköp av sömnmedel. N*** K*** fick intrycket att da Costa kände "torsken" sedan tidigare. Da Costa sa även till N*** K*** att "torsken" var juste. Senare får N*** K*** besked om en leverans vid Mariatorget. Han hämtar da Costa som just lämnat mannen vid Sju sekel. Hon berättar att hon fått låna 100 - 150 kr som hon nyss köpte "fludder" (sömnmedel) för. N*** K*** vet ej vem säljaren av sömnmedlet är. De åkte tunnelbana till Mariatorget tillsammans med "S*** J***", S*** samt R*** (bor ev. F*** 5 i T***). De väntade vid Mariatorget. Enligt N*** K*** skulle S***J***) ha spridit ryktet om leveransen vid Mariatorget. Leveransen skulle ske mellan kl. 1300-1330. Da Costa har under tiden blivit märkbart påverkad av sömntabletterna. Hon är själv förvånad över effekten av de intagna tabletterna. När de kommer ned till perrongen vid Mariatorget har leverantören redan lämnat platsen. Leverans skulle ske senare. De väntade på perrongen i cirka 30 minuter men någon försäljning ägde aldrig rum. N*** K*** och da Costa åkte T-bana till Gamla stan och köpte narkotika vid den s.k. helikopterplatsen. Efter köpet slog de följe och gick in i en port hörande till hotell Mälarstrand. Avsikten var att injicera den inköpta narkotikan. De träffade några i porten bl.a. K*** S*** samt några kamrater till S***. S*** skulle precis ta en "fix" i porten. Efter samtalet med S*** fortsätter N*** K*** och da Costa promenaden i riktning mot Kungsträdgården. Da Costa är nästan helt slut och N*** K*** får nästan släpa på henne mot Kungsträdgården. De skiljs i Kungsträdgården eftersom da Costa skulle upp på Malmskillnadsgatan för att ånyo tjäna ihop lite pengar. Under tiden är N*** K*** kvar i Kungsträdgården och han träffar där en heroinkille son heter P*** och kallas "F***". P*** bad N*** K*** om hjälp att fixa narkotika. N*** K*** skulle om han fick tag på narkotika bli bjuden på en "fix" av P***. N*** K*** ringde från telefonkiosken vid Kungsträdgården. När N*** K*** ringer från kiosken kommer da Costa i gräl med F***. Da Costa har dessförinnan återkommit från Malmskillnadsgatan. P*** var mycket aggressiv mot da Costa och försökte knuffa undan henne från telefonkiosken. P*** slängde ett cigarettpaket mot da Costa. P*** var hela tiden hotfull mot da Costa. N***

K*** märkte också att P*** var ytterst irriterad på N*** K*** eftersom han inte fick tag på något knark. N*** K*** erinrar sig även att P*** slog till da Costa så att hon tappade balansen och föll omkull på trottoaren. Händelsen skulle ha ägt rum serveringen Sju sekel. N*** K*** var nu förbannad på P*** och sa till honom att han inte kunde fixa någon narkotika åt honom. P*** blev ännu mer aggressiv och sa till N*** K*** att "passa din skalle till nästa gång".

Bråket avslutades ungefär vid 1700-tiden. N*** K*** föreslog da Costa att lämna platsen för att lugna ner sig. De skildes med da Costa var kvar i Kungsträdgården. Hennes avsikt var att senare gå upp till Malmskillnads-gatan för att tjäna ihop lite pengar. N*** K*** är kvar i Kungsträdgården och träffar senare R*** (F*** 5 T***) som påstår att han blivit bestulen på sina skivor. R*** berättade att han hade en kasse som tillhörde da Costa men som han f.n. hade gömt för henne. Ca 20-30 minuter senare ser N*** K*** att da Costa sitter tillsammans med R*** nedanför thehuset mot Strömgatan. Han fick intrycket att da Costa satt och samspråkade med R*** angående hennes förlorade kasse. N*** K*** var först tillsammans med R*** och da Costa vid grässlänten ned mot mot Strömgatan, men gick senare ifrån sällskapet. Da Costa fick senare tillbaka kassen av R***.

När N*** K*** fortfarande är kvar i närheten av Strömgatan kommer en äldre kompis fram till honom och undrar om han inte är intresserad av att följa med på konsert med Per Cussion på Moderna Museet. Kamraten heter/kallas för A*** och är boende i V***. A*** berättade att han sett da Costa på trappan utanför Sverigehuset och att hon var helt väck. N*** K*** ville vänta på da Costa. Vid 1800-1830-tiden sökte N*** K*** efter da Costa. Han hittade henne på trappan halvsovande. Hon var inte intresserad av föreställningen på grund av att hon måste upp till Malmskillnadsgatan. Hon skulle emellertid höra av sig under kvällen. N*** K*** och A*** gick på föreställningen som började kl. 2000 och slutade strax efter kl. 0030. A*** har följt med N*** K*** till hans bostad och sovit över natten till torsdag den 7.6.84. Da Costa har inte hört av sig under kvällen eller natten till NK. Beskrivning på P*** kallad F***: ålder 30 år, längd 190 cm, vågigt hår, mörkhårig, skrikig och "jobbig" när han druckit sprit. P*** är heroin-missbrukare.

På torsdagen 7.6 åker N*** K*** samt A*** in till city där de skiljs. Därefter har N*** K*** sammanträffat med några missbrukare som kommit från Norrland för att köpa narkotika. N*** K*** tillfrågas om han vill hjälpa dem med "köpet". Han utlovas att få en fix gratis om han ordnar affären. De får skjuts till Hjorthagen/Bandhagen där affären skall göras upp. I bilen färdas bilägaren som heter/kallas för "M***", en av norrlänningarna, N*** K*** samt en kille från Jakobsberg. N*** K*** Har inte kunnat namnge personerna ifråga. De får tag på narkotika och åker med bil mot Sthlm. Det tar en "fix" vid Slussen, tidpunkt har kunnat anges av N*** K***. Ynglingen från Norrland söker rum men N*** K*** erbjuder honom att sova över hemma hos honom. N*** K*** söker först efter da Costa på Malmskillnadsgatan och norrlänningen är tillsammans med honom. Han uppskattar tidpunkten till ca 0030-0100. Han tillfrågar två (2) prostituerade kvinnor huruvida dessa sett da Costa under kvällen på gatan. De båda kvinnorna som väl känner da Costa uppger att de inte sett till henne. N*** K*** vet ej vad kvinnorna ifråga heter. Han känner dem emellertid väl till utseendet. N*** K*** och norrlänningen åker hem till N*** K***:s bostad.

Fredagen 8.6.84

N*** K*** och norrlänningen lämnar bostaden på S*** 7 vid 0900-tiden. De åker in till city. Norrlänningen har en ansenlig mängd mynt som han har för avsikt att växla in på en bank. Strax efter kl. 0930 går N*** K*** och norrlänningen in på SEB i hörnet av Sveavägen och Hamngatan, Sthlm. Norrlänningen får tillbaka cirka 500 - 1000 kr. Efter växlingen köper norrlänningen en "kabbe" vid Zinkensdamm. Han bjuder N*** K*** på en "fix" i Högalidsparken. De skiljs kl. 1100 eftersom N*** K*** har för avsikt att äta på Griffy (N*** K***:s stamställe). Innan de skiljs ser han norrlänningen sitta kvar i parken. Enligt N*** K*** hade norrlänningen för avsikt att senare på dagen åka hem till Norrland. N*** K*** äter ensam på Griffy och åker sedan in mot city. När han kommer in till city börjar han genast att "jaga" narkotika. Han träffar da Costa senare på dagen vid glassbaren vid glasskiosken vid uteserveringen vid kl. 1800 - 1830. Da Costa kom inte vid bestämd tid. Han träffar henne senare i Kungsträdgården och hon har då den tidigare omskrivna damcykeln med sig. Da Costa säger att hon blivit försenad på grund av en knarkaffär. De slår följe och N*** K*** kan erinra sig att det var enormt många människor på stan. Da Costa cyklade på gången som leder upp till Sergelstorg. Hon blev under cykelturen antastad av en mansperson som slet i henne samt hennes cykel. Manspersonen försökte även slita av henne de plastglasögon som hon bar vid tillfället. A\*\*\* (ej säker) kan ha varit med vid tillfället. Bråket avstannade eftersom en för N\*\*\* K\*\*\* okänd person medlade i bråket. Bråket skulle ha ägt rum mellan kl. 1900-2000-tiden. Efter bråket har da Costa åter gått upp på Malmskillnadsgatan. N\*\*\* K\*\*\* har ånyo jagat narkotika. Han har sökt efter da Costa på Malmskillnadsgatan men ej hittat henne. På senkvällen åker N\*\*\* K\*\*\* och A\*\*\* till hans bostad, S\*\*\* 7 i H\*\*\*. Någon gång sent på natten alt. på morgontimmarna har da Costa kommit till bostaden. N\*\*\* K\*\*\* kommer väl ihåg detta eftersom han själv var förvånad över att A\*\*\* inte blivit väckt av da Costa eftersom hon passerat/stigit över honom i den smala hallen.

<u>Lördag 9.6.84</u>

N\*\*\* K\*\*\*, A\*\*\* samt da Costa vaknar i N\*\*\* K\*\*\*S bostad, S\*\*\* / kl. 1000-1100. Da Costa ringer någon från bostaden. N\*\*\* K\*\*\* vet ej med vem hon talar. Han får dock uppfattningen att det är någon "torsk" på Söder som hon träffat tidigare. Hon skulle bjudas på lunch av "torsken". Samtliga lämnade tillsammans bostaden och åkte mot city. Da Costa gick av vid tunnelbanestationen Zinkensdamm. N\*\*\* K\*\*\* och A\*\*\* fortsätter till city. De skiljs i city. Senare på eftermiddagen träffades da Costa och N\*\*\* K\*\*\* i Kungsträdgården. Da Costa berättade ingenting om hennes möte med "torsken". De skildes efter en kort stund och da Costa sa att hon skulle komma ner till Kungsträdgården mellan kl. 1900-1930. N\*\*\* K\*\*\* sökte efter da Costa men ingen hade sett till henne. (ev. frågade N\*\*\* K\*\*\* K\*\*\* E\*\*\* om hon sett da Costa) Da Costa kom inte till mötesplatsen.

N\*\*\* K\*\*\* åkte senare ensam till Högalidsparken och köpte narkotika. Han återvände efter köpet till city. I gamla stan träffade N\*\*\* K\*\*\* <u>en gammal kompis (boende tidigare på Brommaplan)</u> som var intresserad av att köpa narkotika. De har gemensamt köpt narkotika och N\*\*\* K\*\*\* åkte sedan hem med mannen till hans sommarstuga i Trångsund.

<u>Fordon:</u> mannen som disponerade sommarstugan har färdats i en äldre VOLVO 142 (uppgivit att bilen var 2-dörrars). Bilen var mörk, färg okänd.

Söndagen 10.6.84

Efter övernattning hos mannen i Trångsund har de gemensamt lämnat bostaden/sommarstugan och N*** K*** har körts i VOLVO till Farsta tunnelbanestation. Han åker T-banan till Gamla stan. Angående tidpunkt har framkommit att N*** K*** ej exakt kommer ihåg vid vilken tidpunkt han lämnade sommarstugan. Han har endast angivit "mitt på dagen". När han kommer fram till Gamla stan stiger han av och fortsätter gående mot Kungsträdgården. Han är vid tillfället rejält "flummig" eftersom han tidigare rökt hasch.

N*** K*** har därefter tillfrågats om han kommer ihåg att han träffat "Beppan". Han har inget minne av detta. Han är tillfrågad om han ev. kommer ihåg mötet med E*** G*** och U*** S***. Han kan ej heller ihågkomma detta möte. N*** K*** kan inte komma ihåg om han under söndagen träffade da Costa.
Tillägg: mannen i Trångsund hade under förden mot Farsta en schäfer med sig i bilen.

Avslutningsvis nämner N*** K*** att han kanske träffade (tveksam) M*** från Örebro samt hans fästmö L*** C***. Angående detta möte har följande framkommit: onsdagen 84.06.05 kl. 0115 på Malmskillnadsgatan har L*** C*** samt hennes fästman M*** Y*** tillfrågats och ingen av de båda har vid någon narkotikaaffär sammanträffat med paret N*** K*** samt da Costa.

N*** K*** kan erinra sig att han samt da Costa innan söndagen den 10.6.84 sammanträffade med B***:s syster som nyss kommit hem från Amerika. Da Costa hade samtalat med systern utanför Sverigehuset. Detta möte har inte N*** K*** kunnat precisera i tid. Därefter har några dagar förflutit och N*** K*** kommer ihåg att de sammanträffat med B*** och att da Costa då berättade om mötet med B***:s syster. N** K*** kan ej heller här förlägga mötet till exakt dag och klockslag. N*** K*** utesluter dock inte att han kan ha träffat da Costa på söndagen den 10.6.84.

N*** K*** har en känsla av att han träffade da Costa efter pingsthelgen och för henne berättat om anledningen till att han ej fanns i sin bostad natten

till söndagen den 10.6.84. Han är dock ej säker angående detta samman-
träffande.

N\*\*\* K\*\*\* kommer att vistas på behandlingshemmet i Hammarstrand (tfn
0696-10241) under tidsperioden 3.9 - 9.9.84. N\*\*\* K\*\*\* är åter på Rörgrund
fr.o.m. 10.9.84

Spaningsuppslaget är nedtecknat med ledning av de konceptanteckningar
som fördes vid förhörstillfället tisdagen 84-09-04 kl. 1315 - 1845.

# 7. Kommentarer till förhören med SS och NK

Förhören med S*** S*** och N*** K*** visar hur viktigt det är att läsa förhör parallellt och att jämföra vittnesmål med varandra. Inget vittnesmål ska bedömas enskilt. Vittnesmål ska om möjligt fogas samman och bilda ett pussel, och relationen mellan dessa båda förhör är ganska intressant. S*** S*** och N*** K*** lämnar uppgifter på helt olika sätt.

Både S*** S*** och N*** K*** kände tydligen da Costa väl, men S*** S*** är fåordig, och N*** K*** uppvisade istället en imponerande svada, men N*** K*** hade kanske en lättare situation än S*** S*** 1984. När han förhördes var han inskriven på ett behandlingshem, långt från missbruket och kriminaliteten i Stockholm.

S*** S*** sa att hon bara träffade da Costa två gånger på sommaren, och det verkar osannolikt. S*** S*** erbjöd en sovplats åt da Costa och kände henne väl, och enligt N*** K*** köpte han, da Costa, S*** S*** och andra missbrukare narkotika tillsammans den 6/6, vid Mariatorget. Missbrukarnas kretsar var antagligen täta, och det fanns mötesplatser där missbrukare alltid samlades, till exempel Kungsträdgården och Sergels torg. S*** S*** och da Costa bör nog ha träffats mer än två gånger under sommaren. Och både da Costa och S*** S*** kände missbrukaren C*** B***, vars visitkort hittades bland da Costas kvarlämnade tillhörigheter. Att aktiva missbrukare ljuger är i och för sig naturligt, och S*** S*** ville antagligen inte beskriva sitt liv detaljerat för polisen, men det är ändå underligt att S*** S*** hade ett dåligt detaljminne. Hur da Costa var klädd vid det sista mötet med S*** S*** kunde hon inte alls beskriva, trots att hon förhördes kort efter da Costas död, i augusti 1984.

Det är stor skillnad på förhören med S*** S*** och N*** K***, och det är lätt att få intrycket att S*** S*** undanhåller information om da Costa. Och en lögn är uppenbar. Da Costas vän T*** Å*** sa att en mycket storväxt man var med den 8/6, när han träffade S*** S*** och da Costa, men S*** S*** förteg den mannen närvaro när hon förhördes av polisen. Vi ska återkomma till detta senare i boken.

I Västerortspolisens förundersökning förekommer förhöret med N*** K*** i två versioner, vilket är lite märkligt, och N*** K*** förhördes kanske vid två tidpunkter. Den version av förhöret som jag har återgett är den längre och fylligare versionen. Den första versionen av förhöret upphör redan den 6/6 1984, och förhöret började hållas den 15/8 1984. Det kortare förhöret innehåller några intressanta detaljer som inte finns i den längre versionen av förhöret med N*** K***.

I det kortare förhöret beskrev N*** K*** da Costas som hon såg ut i början av juni 1984. Enligt N*** K *** bar hon en grön modejacka, en midjejacka av bomull, och jackan ska ha haft flera fickor. Da Costa ska också ha burit svarta jeans, eller byxor i jeansliknande tyg. N*** K*** kunde däremot inte minnas vilken typ av skor da Costa använde. Enligt N*** K*** bar da Costa på en större väska, någon sorts bag, och denna väska ska ha varit turkos. I väskan förvarade hon en del av sina kläder. N*** K*** sa också att da Costa hade en handväska, men han kunde inte beskriva den.

N*** K*** berättade detaljerat om den första veckan i juni. Han beskrev kläder, möten, samtal och personer, men hans minnesförmåga blev märkligt svag när han skulle beskriva da Costas smycken. N*** K*** umgicks tätt med da Costa i ungefär en vecka i juni, men han visste inte om da Costa bar klocka. Han trodde att hon hade en ring (som han inte kunde beskriva), armband (som han inte heller kunde beskriva) och halsband (också utan beskrivning). Däremot kunde N*** K*** tydligen organisera stora mängder information och binda specifika händelser till specifika datum. Förhören med N*** K*** är så täta att de liknar dagböcker, men han utelämnade antagligen information av bekvämlighetsskäl, liksom S*** S***.

Och det är sannolikt att N*** K*** och S*** S*** kände till misshandeln som ska ha skett den 7/6. Ett vittne sa att hon hittade den omtöcknade, blåslagna da Costa i Sergelkabinettet, en populär samlingspunkt för prostituerade på 80-talet. S*** S*** och N*** K*** sa att de träffade da Costa den 8/6, dagen efter misshandeln. Da Costa hade en "fläskläpp" en 7/6, enligt vittnet. Varken S*** S*** eller N*** K*** nämner några som helst blessyrer.

N*** K*** nämnde ett stort antal personer i sina förhör, och den rikliga förekomsten av namn borde ha gjort honom intressant, trovärdig och användbar som vittne. Han påståenden kunde prövas och kompletterande förhör med andra personer kunde hållas.

En detalj som är värd att lägga märke till är den stora bandspelare (en "bergsprängare") som N*** K*** berättade om i sitt förhör. Bandspelaren stals på Clock vid Fridhemsplan den 6/6 och såldes till da Costa kort därefter. Bandspelaren förekommer i flera förhör. Bandspelaren nämndes också av S*** S***, en av da Costas kunder ("Arkitekten") och en man som arbetade vid effektförvaringen på Centralstationen. Bandspelaren är viktig. Med hjälp av den kan vittnesmål sammanbindas och vittnenas trovärdighet underbyggs.

En särskilt intressant person i NK:s berättelse är den unge, välklädde "charkuteristen", vars namn N*** K*** tyvärr glömde bort. Den 4/6 ska da Costa och N*** K*** ha träffat "charkuteristen", som hade ett förflutet som missbrukare. "Charkuteristen" är intressant på grund av sitt yrke. När da Costas kropp styckades togs armarna av med kvarsittande skulderblad, och nyckelbenen delades likadant på båda sidor. De snittades och bröts sedan av. Om ett yrkeshandlag kan skönjas så tillhörde det antagligen en slaktare eller jägare.

Avslutningsvis kan vi konstatera att NK:s berättelse är oförenlig med den dagbok som fabricerades av menedsvittnet Marianne Seppälä, det så kallade Dagboksvittnet. Den nedgångna, kaotiska, tablettpåverkade, heroinberoende, nattaktiva, prostituerade kvinna som N*** K*** beskrev kunde garanterat inte ta hand om ett litet barn (Seppälä påstod att da Costa "vallade" ett barn, och det ska ha varit Allgéns dotter), och flera andra vittnesmål motsäger Seppäläs påståenden. Mariannes syster E*** S*** (som kände da Costa bättre än Marianne) har varit ytterst skeptisk till systerns berättelse. Jag tar upp detta för att Dagboksvittnet har varit en populär del av da Costa-mytologin. Seppäläs lögner fick betydelse för att centrala vittnesmål nonchalerades. Hade Seppäläs vittnesmål jämförts med centrala vittnesmål från 1984 hade hon säkerligen inte fått någon betydelse alls i rättsprocessen på 80-talet.

## 8. Spaningsuppslag: utdrag (84-08-21)

Okänd man, ca 50 år, 175-180 cm, normal kroppsbyggnad, mörkblond med grå "stänk" ngt tunnhårig på hjässan, ej ngn speciell dialekt, har ofta keps samt en snusnäsduk kring halsen.

VW-buss med flak, eventuellt grågrön, gammal bil, risig, 1 st strålkastare mitt på taket.

BB uppgav att för ca 4 år sedan träffat en man med ovan bil. Denne man ville ha samlag på flaket av sin bil. De hade kommit överens och åkt iväg. När de hittade en lämplig plats gick de ur bilen och upp på flaket. Mannen hade då kastat sig över BB och bundit fast henne med rep. Under knivhot hade han sedan våldtagit BB. Han hade varit mkt våldsam och verkat helt tokig enligt BB. I början av juni -84 såg BB samme man, med samma bil stå parkerad på Malmtorgsgatan en hel kväll, uppenbart väntande på ngn. Hon skulle kolla exakt datum och återkomma. Tilläggas kan att hon också sett honom då och då uppe på Malmskillnadsgatan mellan tiden för våldtäkten och juni -84. Mannen har också blivit dömd för våldsbrott mot andra prostituerade tidigare bla en prostituerad kvinna som numer bor i Landskrona. Denna kvinna hade också blivit bunden. Hon gjorde anmälan och mannen dömdes. BB skulle kolla namnet på denna kvinna.

# 9. Spaningsuppslag: 84-08-14

Datum: 84-08-14
Brott med vilket uppslaget hör samman: Mord, da Costa
Uppgiftslämnare: N***, R***
Arbetsplats: SJ:s effektförvaring Centralen
Händelse: N*** är den som tagit emot da Costas tillhörigheter
8/6 vid effektförvaringen.

Genom att en bild har varit publicerad i pressen på da Costa i samband med mordet på henne erinrar sig N. följande.

Han har arbetat i 5 år på effektförvaringen. Den 28/5 - 84 på dagen lämnade hon in 3 väskor. Hon hämtade en på kvällen och 2 påföljande dag.

Den 8/6 -84 arbetar N. 1430-2230.

Ungefär vid 18-tiden kan också vara mellan kl 17-18 kommer da Costa med sitt bagage. Det var mycket folk vid inlämningen vid tillfället. Han kommer emellertid mycket väl ihåg det hela. Detta med anledning av att hon bar på en jättestor transistorradio. Hon lämnade dessutom in en svart bag och någon plastkasse. Några namnuppgifter tages aldrig på personen. Vederbörande får bara en lapp med ett inlämningsnummer för varje kolli.

15:- kostar det att lämna in detta. Han vill minnas att det var da Costa själv som betalade detta. Säker är han inte. Han tänkte inte på om hon var i sällskap med någon. Hon sade att bagaget skulle hämtas av henne dagen därpå. Inget klockslag nämndes.

Efter ett par minuter kommer hon tillbaka. Hon ville hämta något ur sin bag. Hon fick kliva in i själva förvaringen och göra så. Det är ganska vanligt förekommande bland kunder. Vad hon hämtar ur bagen ser ej N. Han nämner samtidigt till da Costa att han tycker hon hade en fin radio. Hon säger då att hon nyligen köpt den för 1000 :- och att det var billigt. Var hon köpt den nämns aldrig.

N. kan inte säkert erinra sig hennes klädsel. Han tror hon var helt svart-klädd. Han tyckte hon såg ut som en prostituerad. Hon verkade även påverk-ad av något men inte påfallande påverkad.

N. känner henne icke till namn. Bara till utseende genom att hon var publi-cerad i pressen och genom att hon lämnat in den påfallande stora radion.

# 10. Da Costa levde antagligen efter pingsten

Pingsthelgen 1984 är en central del av den mytologi som har omgärdat da Costas död, men från början fanns det absolut ingenting som talade för att da Costa skulle ha dödats och styckats under pingsthelgen. Däremot finns det en rad fysiska faktorer och vittnesmål som talar för att da Costa dog och styckades långt efter pingsthelgen. När kvarlevorna hittades var de i sådant skick att de knappast kunde dumpats under pingsthelgen eller i anslutning till pingsthelgen, och flera personer som kände da Costa lämnade tidigt viktiga tidsangivelser till polisen, men tidsangivelserna slarvades bort av oklara skäl.

Sammanlagt sju personer har lämnat tidsangivelser som måste betraktas som viktiga när tidpunkten för da Costas död ska bedömas. Dessa personer är narkomanen S*** S***, en släkting till da Costa, pensionären R*** L***, bilmekanikern T*** Å***, da Costas vän K*** W***, da Costas vän J*** E*** och "Kristine", som T*** Å*** säger att han träffade i juni. "Kristines" uppgifter är andrahandsuppgifter, förmedlade till polisen av T*** Å***.

Det finns också lös tidsangivelse. En person (vars namn är okänt) säger sig ha sett da Costa på en sjukvårdsinrättning i Stockholm i början av juli 1984.

S*** S*** sa att hon träffade da Costa ungefär en vecka efter den 8/6. Detta är en viktig och exakt tidsangivelse, men den sorterades bort av polisen och var helt bortglömd i slutet på 80-talet. R*** L*** sa att da Costa hade ringt honom den 10/6 eller den 11/6, och hon ska också ha ringt honom den 12/6 eller den 13/6. T*** Å*** och B*** M*** letade efter da Costa i mitten juni, och enligt T*** Å*** sa "Kristine" att hon hade sett da Costa den 12/6 eller den 13/6. Da Costas svärmor (som var i Portugal under sommaren) sa att da Costa hade ringt "några dagar" efter den 18/6, men svärmoderns påstående kontrollerades aldrig av polisen. J*** E*** sa att han träffade da Costa på kvällen den 15/6, men J*** E*** har aldrig blivit förhörd. J*** E*** intervjuades 2007, när fallet inte längre var intressant för polisen.

## 11. Spaningsuppslag: 84-08-23

Brott med vilket uppgiften hör samman: mord

Uppgiftslämnare: K*** W***

W*** uppger att han första gången träffade da Costa i månadsskiftet oktober/november 1979. Han kommer ihåg att han träffade henne i korsningen Regeringsgatan och Mäster Samuelsgatan, Sthlm.

W*** har därefter sett henne endast vid enstaka tillfällen i samband med att han kört omkring i sin bil på Malmskillnadsgatan. Han har inte träffat eller umgåtts med henne under stadigvarande former. W*** har tillfrågats om han "raggar" flickor på Malmskillnadsgatan. Han förnekar detta och uppger såsom förklaring att han redan i mitten av sextiotalet under sin raggarperiod ofta körde runt i dessa s.k. horkvarter och då lärde sig känna klientelet.

W*** förnekar inte att han känner flera av kvinnorna på Malmskillnadsgatan, men uppger att han har en "kompisrelation" till flickorna som består i att han transporterar dem mellan olika platser i innerstaden samt ut till deras ev. bostäder i förorterna.

Det framkommer under vårt samtal att da Costa vid ett tillfälle under vintern 1979 bott hos honom på adressen T*** 55 (nuvarande adress) i Hägersten.

W*** är tillfrågad när han sista gången iakttog da Costa. Han uppger följande: han såg henne vid tobaksaffären i hörnet av korsningen Malmskillnadsgatan och Mäster Samuelsgatan. Hon stod ensam utnaför affären. Han stannade inte bilen och kom således ej att tilltala henne. Han var säker på att det var da Costa han såg.

Angående tidpunkt har följande framkommit:

W*** är mycket osäker på tidpunkt för iakttagelsen. han kommer ihåg att det var en vardag och att tidpunkten var mellan kl. 19.00-23-00. Måndagen den 25.6.84 började han en ny anställning och utifrån denna tidpunkt uppskattar han att det var 1-2 veckor innan som han såg da Costa (vecka 23-25). W*** skall i efterhand försöka att kontrollera tidpunkten med andra händelser.

<u>Da Costas klädsel vid denn observation är följande:</u>

1. Svart jacka, midjekort.
2. Svarta byxor, ev. i jeanstyg.

W*** har även tillfrågats angående da Costas bekantskapskrets, bostad samt hennes knytning till Gislaved och mannen i Ösmo. W*** har inte kunnat ge några ledtrådar som kan vara av vikt för den fortsatta utredningen.

Avslutningsvis nämner W*** att han av de prostituerade fått höra att en italienare som "raggar" kunder på Malmskillnadsgatan vid flera tillfällen utsatt flickorna för våld och rån. Den okända mannen färdas i en röd mindre skåpbil med slutet lastutrymme, typ liknande R4:an (nya modellen). Han beskrivs vara i åldern 35-45 år, kroppsbyggnad kraftig, längd 160-170 cm.

# 12. Svarta byxor

Det finns två fysiska objekt i utredningen som kan vara till hjälp när olika vittnesmål ska bedömas tillsammans och sammanbindas. Det ena objektet är den stora bandspelaren ("bergsprängaren") som da Costa köpte den 6/6, och det andra objektet är "svarta jeans" eller "byxor i jeansliknande tyg". De svarta byxorna förekommer på flera ställen i utredningen.

Vittnena G*** E***, N*** K***, M*** O*** och K*** W*** sa att de träffade da Costa i juni 1984, och alla dessa vittnen mindes att da Costa bar "svarta jeans" eller liknande. Vittnesmålen är dessutom nära varandra tidsmässigt.

NK:s vittnesmål gällde "början av juni", MO:s vittnesmål gällde den 7/6, och GE:s vittnesmål gällde den 8/6. K*** W*** kunde inte ange ett exakt datum för det sista mötet med da Costa. Han ska ha träffat da Costa "1-2 veckor" före den 25/6. K*** W*** sa att da Costa bar "svarta byxor, ev. I jeanstyg".

N*** R*** (som arbetade på Centralstationens effektförvaring) sa att han träffade da Costa den 8/6. Som han mindes det var hon "helt svartklädd".

Dessa vittnesmål är intressanta för att de kan jämföras med JE:s berättelse. J*** E*** intervjuades 2007, och sa att han träffade da Costa den 15/6, på Gamla brogatan. J*** E*** sa att da Costa var propert klädd, med svarta jeans. JE:s sena uppgift om da Costas "svarta byxor" går alltså att foga samman med vittnesmål från fyra personer som förhördes 1984. JE:s vittnesmål är i det stora hela trovärdigt, och kläddetaljen styrker ytterligare hans trovärdighet.

K*** W*** är för övrigt ett av de vittnena som tyvärr föll bort när fallets tidslinje skissades. KW:s svävande tidsangivelse är ju tänkvärd - om K*** W*** träffade da Costa "1-2 veckor" innan den 25/6 (då han började en ny anställning) så kan han ha träffat henne i mitten av juni, liksom J*** E*** gjorde, enligt egen utsago.

## 13. Brevet från Sollerön

Den 14/8 1984 inkom det märkligaste tipset i hela utredningen, och det har förblivit okommenterat ända tills nu. Detta tips kunde betraktas som en ren kuriositet, om det inte var för en rad sammanträffanden.

Tipset inkom till polisen i form av ett brev. Jag citerar brevet i dess helhet.

*Sollerön 1984-08-14*

*Txxxxx Kxxxxx* [polis, uppgiftsmottagare, min anm]

*Vid vårt senaste samtal kom vi överens om att jag skulle berätta vad fjärrskådaren Erry Lidman från Luleå kände inför den fruktansvärda händelsen.*

*Han påstår att det är en man som utfört dådet. En man som Catrine känt tidigare. Han lär skall vara i 40-årsåldern, cendréfärgat hår, ca 177 cm lång, kraftigt byggd, norrlänning och har aldrig varit gift.*

*Det finns ytterligare en person som känner till vad som hände. Mordet skedde inte på samma plats som man fann säckarna. Det skulle ha skett ca 7-8 km därifrån och mannen har kört henne den sträckan västerut från mordplatsen. Catrine och mannen hade varit tillsammans ca 3 tim innan händelsen. Mordet var inte överlagt. Hur det skett var han osäker på, men Catrine hade upplevt stark panik. Mannen har stor ljus bil.*

*Huvudet finns inte långt ifrån den plats där man fann säckarna. Det finns på land, nära en bro, ev barrskog. Två yngre personer i 20årsåldern kommer snart att hitta det.*

[slut på brevet]

Detta brev inkom bara en vecka efter att da Costas kvarlevor hade hittats på Eugenivägen. Da Costas mor ska tydligen ha haft esoteriska intressen, och det är modern som har skickat brevet, men hennes namn var felstavat, och det verkar ju som om hon kontaktade mediet väldigt snabbt, med tanke på att da Costa just hade identifierats.

Det signalement som lämnas i brevet passar av en händelse Vincent, som kom att bli polisens enda spaningsobjekt. Vincent var född i Norrland. Han var av medellängd och kraftigt byggd, en "tyngdlyftartyp" med stor mage, enligt vittnen. Vincent var i fyrtioårsåldern 1984. Han föddes 1940.

Mannen som tipsade polisen om säckarna vid Talludden (G*** S***) var dessutom född på Sollerön, och han var geografiskt och yrkesmässigt ganska nära Vincent. G*** S*** bodde på Upplandsgatan i början på 70-talet, och Vincent bodde på Upplandsgatan i slutet på 60-talet. G*** S*** var dessutom fastighetsskötare, och det är möjligt att de två männen stötte på varandra på grund av sina yrken.

Enligt vittnet R*** S*** kunde Vincent också vara kopplad till en bordell på Upplandsgatan, vilket inte är omöjligt. Vincent var känd på Malmskillnadsgatan, han var sexköpare, och sexklubben Sexorama låg på Upplandsgatan på 70-talet.

Tydligen kom G*** S*** i kontakt med polisen när han och några andra personer flyttade möbler sent på kvällen, och han passade då på att tipsa om de illaluktande säckarna vid Ekelundsvägen.

Det verkar finnas två möjligheter. Antingen kom brevet från da Costas mor, eller så är det fabricerat av någon som ville lämna ett diskret, anonymt tips.

Hur det verkligen ligger till får vi aldrig veta, och brevet får betraktas som kuriosa. Det är ett väldigt underligt inslag i en väldigt underlig utredning.

## 14. Den försenade vännen: JE

J*** E*** var enligt egen utsago en gammal vän till da Costa. Han är ett senkommet vittne som lämnade en intressant redogörelse i slutet av 90-talet. Enligt J*** E*** blev han vilseledd av medias uppgifter, och trodde som de flesta andra att da Costa hade dött under pingsthelgen, men han återvände tydligen till sina gamla daganteckningar och upptäckte att han hade träffat da Costa den 15/6. Det går inte att bevisa att hans påståenden är korrekta, men det finns en mängd detaljer som styrker hans trovärdighet.

J*** E*** arbetade och reste mycket på sommaren 1984, och han har påstått att han stötte på da Costa på Gamla brogatan i Stockholm. Da Costa hade sällskap av en man som J*** E*** inte kände igen. Det var inte mycket till signalement Ericsson lämnade. Han beskrev da Costas sällskap ytligt, men däremot gav han en detaljerad och trovärdig bild av da Costas beteende och utseende.

Detta kan alltså vara det absolut sista dokumenterade vittnesmålet, den sista skymten av Catrine da Costa, och identiteten på mannen med mörkt hår är naturligtvis högintressant, men den kommer säkerligen aldrig att fastställas.

Journalisten Patrik Nyberg har gjort den enda intervju som finns med J*** E***. Nybergs intervjun publicerades i Nya Dalademokraten 2007.

Detta är vad J*** E*** berättade.

*Jag kan ej i detalj minnas vad vi pratade om, utan det blir ju dom vanligaste fraserna när människor möts om ditt och datt. Det jag kommer ihåg var att vi pratade om barn. Jag frågade hur det var med hennes barn, hon svarade att hon ej fått vårdnaden. Jag berättade att jag blivit pappa till en son som heter Olle. Hon frågade hur det gick i skivbranschen, jag berättade om marknader och butiken. Hon sa till mig som hon uttryckte det, att hon har det struligt här i byn, men att det ska ordna sig hon skulle härifrån och ta ett break. Hon var lite sliten och stressig, men annars hade hon glimten i ögat och nära till skratt. Jag vet hur hon varit när hon verkligen varit sliten. Hon var propert klädd med jeans, svarta vad jag minns, mörka i alla fall, vad jag minns väl var att hon hade en långärmad mörklila blus, huvudscarf och ett brett bälte och något slag av väska där det hängde något slag av nyckelringar eller souvenirer. Hon hade också örhängen av större modell, armband också vill jag minnas. Precis som vanligt, Catrine och krims hör liksom ihop. Under tiden vi pratade vandrade Catrines sällskap stressigt fram och tillbaka och påkallade hennes uppmärksamhet. Ungefär att dom hade bråttom, så samtalet avslutades. Sorry, Janne, jag är lite stressig måste till centralen för ett ärende. Ta väl hand om dig sköt om dig hälsa Norrland. Chao nos vemos jag svarade hej hej vi ses. Stick från stan, se till att kämpa så du får vårdnaden om dina barn . Där skildes våra vägar en fredagskväll på Gamla Brogatan. Angående hennes manliga sällskap, så var det en svensk man i medelåldern han pratade svenska utan någon slags dialekt. Det jag minns var att han vankade fram och tillbaka stressad, och ville ha med henne så fort som möjligt. Vad jag har för erfarenhet av människor och sett så var det en person som var drogrelaterad, huvudet längre än mig mörkt halvlångt hår. I övrigt inget anmärkningsvärt. Jag fortsatte sedan uppför gatan till mitt möte och tänkte ej mer på detta.*

Denna berättelse tål granskning och kan jämföras med vittnesmål från sommaren 1984. Da Costas väninna S\*\*\* S\*\*\* sa att hon träffade da Costa för sista gången ungefär en vecka efter den 8/6. S\*\*\* S\*\*\* och da Costa ska ha skilts åt sent på eftermiddagen, i Kungsträdgården. Det finns också en vän till da Costa som har sagt att hans sista möte med da Costa skedde sent på kvällen. Denna vän har inte inte vittnat offentligt, men jag har själv varit i kontakt med honom och ställt frågor om hans kontakt med da Costa.

Den destination som J\*\*\* E\*\*\* nämner (Centralstationen) är trovärdig. Da Costa var bostadslös under många år. Hon hade fyllt ett förvaringsskåp på centralstationen med allehanda ägodelar, mest kläder. Och om det stämmer att J\*\*\* E\*\*\* träffade da Costa på Gamla brogatan var det inte konstigt. Hon övernattade ibland på Maranatas hotell, som låg på Gamla brogatan.

Och J\*\*\* E\*\*\* beskriver också da Costas utseende på ett trovärdigt sätt. Hon var förtjust i smycken ("krims") och bar ofta på en stor väska. Enligt andra vittnen bar da Costa armband på sommaren 1984 (ett svart läderarmband och ett armband med stenar), och enligt J\*\*\* E\*\*\* bar hon armband den 15/6.

De svarta jeansen är för övrigt intressanta, och dessa diskuteras separat i kapitel 21. Flera vittnen har nämnt "svarta jeans" eller "svarta jeansliknande" byxor, och det är intressant att notera att vittnet J\*\*\* E\*\*\* fungerar tillsammans med några av utredningens ursprungliga vittnen.

Det finns också ett flertal vittnesmål som placerar da Costas död senare än vad som antagits (se kapitel 19), och det vore inte märkligt om J\*\*\* E\*\*\* talade sanning.

J\*\*\* E\*\*\* är nu avliden.

## 15. Spaningsuppslag (84-11-05)

Uppslaget är en komplettering som anknyter till spaningsuppslag C 60

M\*\*\* O\*\*\* berättar:

84 06 07 vid kl 1440 gick hon in på Sergelkabinettets damavdelning. Hon reagerade ganska snart över en kvinna som satt på huk vid sin väska nedanför speglarna. Kvinnan som grävde i bagen verkade drogad och då hon reste sig såg MO att hon hade smärtor i ryggen. Kvinnan tog sig åt ryggen och försökte sedan sminka sig framför spegeln. Hon förde sig med långsamma, okontrollerade rörelser och MO blev illa berörd över hennes tillstånd. Medan kvinnan försökte sminka sig började hon att, lite osammanhängande, tala med MO. Hon sa något om att "hon och hennes kille varit i slagsmål" och att hon "nu var rädd". MO kommer vidare ihåg att kvinnan sa något om en hund men MO vet inte i vilket sammanhang. Hon har för sig att hunden antingen hade hört ihop med kvinnans "kille" eller också hade deras antagonister (antagonist) haft den i sitt sällskap - Olsson är osäker men kommer bestämt ihåg att kvinnan nämnt "något om en hund". Kvinnan hade ev en sk fläskläpp (?). När MO och kvinnan stod där vid spegeln kom kabinettets manlige och kvinnlige vakt in på avdelningen och mannen, som verkade känna kvinnan, uppmanade henne att lämna kabinettet. Kvinnan stod dock kvar vid spegeln då hon själv [MO, min anm.] lämnade kabinettet och hon vet inte vad som hände sedan. MO, som anser sig ha mycket gott personminne, reagerade omedelbart då hon såg publikationen av Caterine Da Costas foto i början av augusti. Hon är fullständigt säker på att Catrine Da Costa är identisk med den kvinna hon träffade på Sergelkabinettet. Hon är lika säker på tidpunkten, 84 06 07 kl 1440-1445, pga olika omständigheter (bla ett möte i Kungsträdgården kl 1500) och hennes uppgifter får bedömas som mycket trovärdiga. Olsson kan dock ej lämna några detajera uppgifter betr. klädsel, smycken mm. Hon tror att Catrine hade "tajta" svarta jeans.

# 16. Spaningsuppslag: förhör/utdrag (84-11-15)

Brott med vilket uppslaget hör samman: Mord da Costa
Uppgiftslämnarens namn: P***, A***

P*** förevisas aktuell fotopärm omfattande kort 1-13. Hon uppger sig känna nr 3 som en man som bor i Södertälje, nr 4 som en man som åker omkring i en golf, nr 7 som en som hon pratat med, nr 12 som en som ofta är vid Malmskillnadsgatan. Nr 12 har hon aldrig sett gå med någon av flickorna. Han har ofta på sig en vargskinnspäls, dock hade han sista gången hon såg honom en röd jacka och röd skärmmössa med öronlappar. Hon säger vidare att han är mycket tjock och har en stor mage. Ibland har mannen åkt i en VW-buss, blå till färgen [...]

På förfrågan om hon råkat ut för något speciellt med någon kund så nämner hon en person i 43-årsåldern (enl egen uppgift) ca 180 cm lång med tunt bakåtkammat mellanblont hår. Mannen var prydligt klädd i en skjorta, slipover och ljusa gabardinbyxor. Han färdades i en ljusgrön metallicfärgad VOLVO 242 eler 244 som troligtvis var ny. Han sade till P*** att han var från Norrland och hade nyligen jagat älg och hade frysen full av älgkött och lovade att hon skulle få lite grann, varför man stämde träff på måndagen den 5/11-84 vid Malmskillnadsgatan. Mannen kom emellertid inte till mötet. han hade vidare berättat för P*** att han var omskolad efter en skada och arbetade nu som vaktmästare i en skola. Han hade även sagt att han bodde i Solna. Mannen hade pratat med P*** om styckningar. Han hade bla frågat, det är väl en till som blivit styckad och påstod samtidigt att han hört att man skulle ha spikat upp delar på en vägg. Han sa vidare att han hört att den flickan som blev styckad i somras hade blivit det på ett snyggt sätt. Vidare hade han hört att det skulle ha varit en kirurg som hade gjort det. Som förklaring till sina uppgifter hade han uppgivit sig vara bekant med många poliser. P*** lovade höra av sig till polisen om hon träffade mannen någon mer gång.

# 17. Fyndplatserna

De båda fyndplatserna (som jag kallar FP1 och FP2 för enkelhetens skull) liknade varandra. Båda fyndplatserna låg vid en lågtrafikerad, enkelriktad väg, insynen var begränsad, det fanns en bro i närheten, det fanns en avfart från E4:an i närheten, säckarna gömdes i vegetation, direkt på marken, och det fanns enkla träbyggnader i närheten. Båda fyndplatserna var också anonyma skuggzoner, avskurna från omgivningen, och risken för att personen (eller personerna) som lämnade säckarna skulle upptäckas och väcka misstankar var nog minimal, särskilt på kvällen och natten.

FP1 fanns vid en av Ekelundsvägens parkeringsfickor, som brukade användas av bilburna sexköpare på kvällar och nätter. Plastsäckarna låg gömda under en stor buske. Två betongsuggor hindrade bilar att köra på gångstigen bredvid FP1. Antagligen användes en bil när säckarna lämnades, och bilen stannade nog vid betongsuggorna. Platsen var väl vald. Den var inte bara skyddad för insyn. Det var ju vanligt att bilar stannade där, och bilen som fraktade säckarna med da Costas kvarlevor väckte nog inga misstankar, även om ett vittne skulle se den och föraren.

På FP1 kunde bilföraren gömma sig mellan tät vegetation, stängsel, baracker och en manskapsvagn, och på andra sidan Ekelundsvägen fanns öppet vatten, båtar och kajer. Det fanns också en motionsanläggning i närheten, men det gick nog inte att se FP1 från motionsanläggningen.

Kvarlevorna låg i två svarta plastsäckar som hade förslutits med enkelknutar. Säckarna var perforerade av insekter på undersidorna och var fyllda med fluglarver. Säckarna innehöll de båda låren och bäckenet. Kvarlevorna var kraftigt förruttnade.

Polisen tillvaratog flera föremål på platsen. Här följer beskrivningar av dessa.

En papperslapp - sönderriven så att en nedre del saknades – låg på marken, i omedelbar anslutning till platsen där säckarna låg. På lappen fanns en maskinskriven, fotostatkopierad text: *Kvitto. Mottaget för trappstädning under andra kvartalet 1984 kr 40: Den 30/6 1984*

Datumet var skrivet med kulspetspenna. Det fanns en namnunderskrift som till största delen var bortriven. Namnunderskriften var skriven med kulspetspenna. På papperslappens baksida fanns anteckningar skrivna med med blyertspenna. Anteckningarna gällde bl.a. tapeter och en sopskyffel.

Ett parkeringskort låg på marken, i omedelbar anslutning till platsen där säckarna låg. På kortet stod det: *Tegelbacksgaraget, Vasagatan 4-6, 08/218899.* På ena sidan av kortet fanns en maskinskriven text: *19.96.84 16.41 870779 P1 55.*

Ungefär tre meter från kvarlevorna låg en nota från restaurang Dali, som låg på Rörstrandsgatan. På samma plats hittades också ett par trosor och ett parkeringskvitto (nummer 1727). Kvittot var från Stockholms gatukontor. Parkeringstiden gick ut kl. 12.43 (429).

Ungefär sex meter från kvarlevorna låg en Systempåse och ett systemkvitto. Kvittot var utskrivet den 2/7 1984.

Ungefär en meter från kvarlevorna låg ett tomt mjölkpaket. Mjölkpaketet var datumstämplat den 28/6 1984.

Polisen hittade också fyra parkeringskvitton, förutom kvittot som nämndes ovan. Fyra parkeringskvitton låg ungefär sex meter från kvarlevorna. Alla kvitton var iturivna. Här följer en förteckning över kvittona.

- Parkeringskvitto. Dag/mån/år/vecka osv: (modell carle) v 28 kl 13.52
- Parkeringskvitto. Dag/mån/år/vecka osv: Solna 427 torsdag kl 13.09
- Parkeringskvitto. Dag/mån/år/vecka osv: Solna 427 tisdag kl 10.59
- Parkeringskvitto. Dag/mån/år/vecka osv: Solna 427 Torsdag kl 14.21

Vecka 27 omfattade datumen 2/8 - 8/7.
Vecka 28 omfattade datumen 9/7 - 15/7.
Vecka 29 omfattade datumen 16/7 - 22/7.

Precis bredvid kvarlevorna låg en prydligt hopvikt handduk. Handduken var genomdränkt med något organiskt, förmodligen uppkastningar, och den var täckt med svamp. På handduken hittades också stärkelse, zink, hårstrån från ett flertal personer och djurhår. Antagligen hade några av hårstråna tillhört da Costa. Stärkelse ingår ofta i mat, och zink ingår i hudvårdsprodukter.

Djurhåren typtestades tyvärr aldrig. De kunde ha varit intressanta, eftersom utredningen innehåller flera uppgifter om djur. Da Costa var intresserad av att köpa kattungar, hon ska ha hotats av en man med hundar, hon misshandlades i juni och nämnde efteråt något om en hund, vännen N*** K*** blev skjutsad av en bekant som hade en hund i sin bil, polistipsaren G*** S*** var hundägare, och företagaren Vincent (som var polisens enda utvecklade spaningsobjekt) var en utpräglad djurmänniska, och var särskilt intresserad av hästar. I slutet på 80-talet skötte han ett stuteri. På 90-talet blev Vincent fälld för djurplågeri och bedrägeri efter att han hade dränkt tre travhästar i centrala Stockholm.

Handduken var av ett finare märke, tillverkad på Irland. Märket var välkänt på Irland men ovanligt i Sverige. Polisen undersökte flera affärer som sålde handdukar av det aktuella märket, men utan resultat för utredningen. Det kan tilläggas att en irländare (D*** M***) var anställd i Vincents flyttfirma på Eugeniavägen på 80-talet, men D*** M*** verkar ha haft en kortare anställning. I mitten på 80-talet krävde han Vincent på utebliven lön. Irländarens öde är okänt, och han bor inte längre i Sverige.

De minst intressanta föremål som hittades var två vaxade papperslappar med texten Fasson Pascal. Det är oklart varför polisen intresserade sig för dessa. Papperslapparna hörde nog till klistermärken.

De datummärkta fynden är självklart intressanta. De visar att en eller flera personer frekventerade platsen och var nära kvarlevorna strax innan de hittades, vid en tidpunkt när liklukten borde ha varit påtaglig. Det är svårt att tänka sig att någon skulle vilja vara i närheten av kvarlevorna när de hade börjat ruttna. Liklukt är väldigt karaktäristisk. Det är också svårt att tänka sig att någon skulle ha känt liklukten utan att fatta misstankar.

Den stora mängden intressanta föremål kan också noteras, och frågan är om föremålen hörde samman med personen eller personerna som lämnade kvarlevorna. Handduken hörde nog till dumpningsproceduren, men de övriga föremålen har nog också en historia att berätta.

Informationen på parkeringskvittona och restaurangnotan borde ha kunnat vägleda polisen när utredningen inleddes och den tänkta tidslinjen skapades. Tre av kvittona kom från Solna, och kvittona kom från parkeringsplatser som kunde vara geografiskt intressanta. Tegelbacksgaraget låg ungefär tre kilometer från FP1 (fågelvägen), och avståndet mellan FP1 och Solna var bara ett par kilometer. Parkeringskvittonas klockslag, veckodagar och datum är dessutom påfallande nära varandra, samlade. Den eller de som lämnade de kvittona parkerade på sen eftermiddag eller tidig förmiddag, på vardagar. Kvittona borde ha slängt eller tappats när likstanken var mycket påtaglig.

Restaurang Dali låg ungefär två kilometer från FP1 (fågelvägen), och notans datum är påfallande nära datumet när kvarlevorna hittades. Personen som betalade notan köpte en öl på Dali två dagar innan kvarlevorna hittades, och den 16/7 borde liklukten ha varit fullständigt överväldigande, men notan hittades nära kvarlevorna, tre meter ifrån dem. Notan är för övrigt en riktig kuriositet (som mycket annat i polisutredningen). Den 16/7 var en av Vincents namnsdagar. Ett av hans två mellannamn var nämligen Reinhold. Vincents arbetsplats låg för övrigt två kilometer från FP1 (fågelvägen), och i augusti hittades fler av da Costas kvarlevor mycket nära Vincents arbetsplats, inte mer än hundra meter bort.

Det sönderrivna trappstädningskvittot är antagligen det mest intressanta fyndet, tillsammans med handduken. Kvittot daterades den 30/6, och indikerar (tillsammans med de övriga föremålen) kanske att kvarlevorna lämnades senare än vad som har antagits, och dessutom finns det möjliga och intressanta kopplingar mellan trappstädningskvittot, Vincent och polistipsaren G*** S***. G*** S*** var fastighetsskötare och bodde på Upplandsgatan. Att en fastighetsskötare är i kontakt med trappstädare är helt naturligt, och frågan är om kvittot kom från G*** S*** eller någon person som han kände till.

G*** S*** tipsade polisen om de illaluktande plastsäckarna sent på kvällen, efter att någon hade trott att han var en inbrottstjuv och ringt polisen. G*** S*** lastade bara in möbler i en container, och det hela var ett missförstånd.

Den yrkesmässiga närheten mellan Vincent och G*** S*** är intressant. De båda männen bodde på Upplandsgatan vid ungefär samma tidpunkt, och det är ganska sannolikt att chefen på en flyttfirma, hans personal och en fastighetsskötare stöter på varandra om de rör sig i samma område under flera år. Och Vincents firma utförde flyttade inte heller bara bohag. Billiga Andersson utförde "röjning" i samband med flyttjänster. Detta framgår av bevarade kopior av Billiga Anderssons kvitton.

Vincents firma kallades officiellt för åkeri, men firman arbetade också med distribution, uthyrning av truckar och "närliggande verksamhet".

Inga intressanta föremål hittades på den andra fyndplatsen, och FP2 verkar vara ganska torftig om den jämförs med FP1. Det som gör FP2 intressant är närheten till Vincent, den förslummade flyttfirman och Vincents socialt belastade umgänge. Avståndet mellan Eugeniavägen 25 och FP2 borde inte ha varit mer än hundra meter. Och vi kan nog anta att personen som lämnade säckarna kände till Eugeniavägen. En person som snabbt ska göra sig av med likdelar i tätbebyggelse är utsatt för stress och söker nog instinktivt efter trygghet och välbekanta platser, även om det är riskfyllt – polisen kan mycket väl söka personer som är personligt kopplade till en dumpningsplats.

På FP1 låg två säckar tätt ihop, i en grop, men kvarlevorna på FP2 låg på två platser. Avståndet mellan de två platserna var 1,5 meter, och mellan säckarna fanns en kraftig stubbe. Några meter från säckarna stod ett träskjul som undersöktes invändigt, men ingenting av intresse hittades.

I säckarna låg da Costas armar med kvarsittande skulderblad, underbenen med kvarsittande fötter, övre bålen och ett bröst. Övre bålen innehöll samtliga organ. Säckarna innehöll både utvecklade flugor och en stor mängd fluglarver.

Kvarlevorna låg i samma sorts plastsäckar som hittades vid Ekelundsvägen, men denna gång hade dubbla säckar använts. Två hopknutna säckar låg i varsin öppen säck. De inre säckarna var knutna på samma sätt som säckarna som hade hittats vid Ekelundsvägen.

Växtligheten under säckarna var svart, vilket kan tyda på att säckarna låg på marken i flera veckor, men om likvätska läckte från säckarna skadades kanske växtligheten av den, och det är svårt att dra några konkreta slutsatser.

När säckarna hittades undersöktes marken av en botaniker. Botanikern gav ett svävande tidsutlåtande, och han sa att säckarna kunde ha legat på marken sedan i juni, men det är osannolikt, med tanke på kvarlevornas skick. Om kvarlevorna lämnades i juni borde de ha varit fullständigt förruttnade när de hittades, och säckarna borde inte ha innehållit en stor mängd fluglarver.

Eugeniavägen borde för övrigt ha väckt polisens intresse. Området var förslummat, det fanns flera bostadsadresser att undersöka, och de som arbetade på Eugeniavägen övernattade ibland i lokalerna. Och den sociala kopplingen mellan offret och Eugeniavägen var naturlig – att en prostituerad narkomans kvarlevor hittas i ett förslummat småindustriområde är på något sätt logiskt, hur krasst det än kan låta, och det vore inte förvånande om den eller de som lämnade kvarlevorna var bekant med Eugeniavägen.

Det fanns mycket stoff som polisen kunde arbeta med på Eugeniavägen, och polisen spred också ett frågeformulär på Eugeniavägen, men idag vet ingen om formuläret fylldes i och hur de eventuella svaren togs omhand.

## 18. Spaningsuppslag: förhör/utdrag (vintern 1984)

Brott med vilket uppgifterna hör samman: mord
Uppgiftslämnare: P***, U***

nr 12: Ja, honom känner jag igen eftersom jag haft samlag med honom. "Det är en vräkig och skrytsam kille". Han plockade upp mig i en buss märkt med namnet "Billiga Andersson" på Malmskillnadsgatan. Vi åkte till en plats som låg mittemot OK:s bensinstation och där stod ett flertal husvagnar uppställda (närheten av Eugeniavägen). Samlaget ägde rum i bussen och jag kommer ihåg att han klagade på mig och påstod att jag var "iskall". Han var mycket bestämd men ej hotsam och bad mig omgående lämna bussen. Jag sprang över till OK och åkte ifrån platsen i taxi. När ägde mötet och samlaget rum? P*** kan inte tidsbestämma mötet.

[...]

F: Nästa person som har lokaliserats på dom här fotona det är en som du säger då är "Billiga Andersson" och du säger att du blev upplockad i hans buss och det var före du har träffat den här killen nummer 4, är det riktigt?
P: Ja.
F: Och sen åkte ni ner i närheten av OK Norrtull, Eugeniavägen där ni gjorde vad ni skulle i bussen och så fick du gå hem?
P: Ja.
F: Är det riktigt?
P: Ja. Jag har ingen aning om varför för att han liksom verkade inte alls, .... må så jävla dåligt under när vi höll på men sen när vi var klara då skulle jag vara glad att jag fick behålla pengarna men gå nu sa han.
F: Han hade inte fått vad han skulle tyckte han då?
P: Nej.

[...]

*Personen som kallas "Billiga Andersson" i förhöret är Vincent, och platsen som nämns i förhöret låg ungefär 500 meter från Eugeniavägen.*

# 19. Spaningsuppslag (84-10-01)

Brott med vilket uppslaget hör samman: Mord, da Costa
Uppgiftslämnare: Ö***, B***
Händelse: bekant till Catrine

84 10 01 uppsöktes B*** Ö*** på hemadressen med anledning av att uppgift inkommit om att hon vistats på Malmskillnadsgatan vid den tidpunkt då catrine förmodats ha försvunnit och bragts om livet.

Ö*** har känt Catrine genom sitt narkotikamissbruk och sin prostitution i många år men bekantskapen har varit flyktig. De såg varandra "uppe på gatan", vid Kungsträdgården och när dom tog en "fix" ihop någon gång.

Hon kan inte fastställa tidpunkten för deras sista möte men tror att det var en dag i början av juni. Hon kommer ihåg att klockan var vid 1200, att det var mycket varmt och att de tog en "fix" ihop uppe i parken vid Zinkensdamm. Vid tillfället var Catrine i dålig kondition, hade ont i halsen och pratade om att hon hade lunginflammation och såg allmänt "risig" ut. Ö*** kan ej dra sig till minnes några detaljer beträffande klädsel men vet att hon bar på en stor väska och att hon sa något om att hon ej hade någonstans att bo, varför Ö*** fick intryck att hon hade "sitt bohag" i väskan.

Vid tillfället fanns även andra narkomaner i parken som Ö*** namnger: "Gunsan" Pettersson, Anders Håkansson och Per "Årsta-Perre" Johansson. När det gäller dessa namn är hon dock osäker och befarar att hon kan blanda ihop de olika narkotikadeal-tidpunkterna. Hon är dock säker på om Catrine var ensam och ej i sällskap med någon vid tillfället och tillägger att Catrine flr det mesta var ensam ute på stan. Ö*** menar också att Catrine hade "gått ned" sig mycket den senaste tiden, att hon "stoppade i sig alla tabletter hon kom åt" och att hon inte hade kontroll på sig själv då hon "jobbade" på gatan.

FOTOVISNING: Ö*** känner inte igen någon av männen i fotoalbumet och kan för övrigt ej lämna några upplysningar om "speciella torskar".

## 20. Myten om superskurken

Likstyckningar sker mycket sällan (1-2 gånger om året i Sverige). Det är naturligt att likstyckningar exponeras av media och att allmänhetens fantasi sätts i rörelse. Det finns alltid unika och makabra detaljer att fundera på (ingen likstyckning är den andra lik), och om polisen inte hittar en skyldig person börjar vi genast att spekulera.

Vi vill gärna tro att människor som styckar lik är spännande, att de har genomtänkta, avancerade planer, att de medvetet gäckar polisen och lägger ut villospår, att de är perversa och sadistiska, att de är satanister och nekrofiler o.s.v. Vi vill gärna föreställa oss någon sorts superskurk, men den samlade polisiära erfarenheten säger något annat.

En likstyckning (brott mot griftefrid) är oftast ett utpräglat lågprofilbrott, utfört av en människa med tydliga sociala problem, och lik styckas oftast av praktiska skäl, för att liket ska kunna fraktas bort från en bostad. Likstyckare som har sexuella och perversa motiv är försvinnande få.

Likstyckningar är oftast primitivt utförda, och associeras också med psykisk ohälsa, kriminalitet, missbruk och låg utbildning. Det finns flera exempel på klumpiga likstyckningar och transporter, och att läsa om likstyckningar är en underlig upplevelse. Det verkar ju inte finnas någon gräns för dumheten.

Likstyckare planerar dåligt, de är impulsiva och stressade, de lämnar tydliga spår efter sig, de lämnar kvar likdelar och blodspår hemma, de bullrar och stör grannarna, de gör märken i golv, de bär ut likdelar i vanliga matkassar, de är så skärrade efter brottet att omgivningen blir misstänksam, de dumpar personliga föremål tillsammans med likdelarna, de lämnar likdelar nära den egna bostaden, de låter tänder och händer vara kvar på kroppen, de fraktar likdelar i en kartong i taxi, de sparar likdelar i den egna kylen, de bryter ihop och anmäler sig själva, de går runt med likdelar bland allmänheten, de är berusade, psykotiska eller narkotikapåverkade, och i de allra flesta fall är likstyckaren helt oerfaren. De flesta likstyckare styckar inte mer än ett lik, och detta är viktigt att komma ihåg. Den som söker efter en likstyckare ska antagligen inte söka efter en slipad person, utan en klumpig nybörjare.

Två av Sveriges mest kända likstyckare hette Stanislaw Gonerka och Anders Carlsson. Gonerka och Carlsson var mycket olika som personer, men som likstyckare liknade de varandra. De var både klumpiga och ogenomtänkta, och de är intressanta och typiska exempel på likstyckare. Likstyckare är ytterst sällan sofistikerade, och det har aldrig funnits någon anledning att tro att da Costas kropp styckades av någon som var på en högre nivå än Gonerka och Carlsson, som är genomsnittliga, bristfälliga som likstyckare.

Dessa två olikartade män kan vara användbara om vi vill få en uppfattning om vilken sorts person som styckade da Costas kropp (och antagligen dödade henne). Trots att Gonerka och Carlsson är så pass olika avviker de faktiskt inte från de allmänt kända mönstret.

Vi har inte en aning om vad som hände da Costa, men vi kan anta att den som styckade da Costas kropp planerade dåligt, att da Costa antagligen blev dödad, att kroppen styckades i en bostad, att styckningen skedde av transportskäl, att den som styckade kroppen kände da Costa, att omständigheterna runt brottet (eller brotten) inte var särskilt sofistikerade.

Stanislaw Gonerka dödade och styckade en kvinna på i mitten på 70-talet i Malmö. Hela scenariot var oplanerat och kaotiskt. Gonerka umgicks med offret i några timmar innan hon dog. Han skulle bjuda henne på kaffe och korv i sin lägenhet när han plötsligt tappade besinningen och misshandlade henne till döds. Gonerka styckade kvinnans kropp i lägenhetens kök och använde samma kniv som han hade använt för att skära korven. Han la kroppsdelar i de påsar som råkade finnas till hands. En av de påsar som han använde hörde till gardiner som hade inhandlats under dagen.

Gonerka la sedan kroppsdelarna i sin bil och dumpade dem på olika platser i Malmö. Olyckligtvis råkade han dumpa personliga föremål tillsammans med vissa kroppsdelar, och polisen kunde snart binda honom till offret. Offrets torso lämnades dessutom kvar på Gonerkas balkong. Gonerka hade helt enkelt inte mäktat med att fullborda styckningen och dumpningen av kroppsdelarna. I lägenheten hittade polisen dessutom mängder av blodspår.

Gonerka kom ursprungligen från Polen, hade arbetat som sjöman och var utbildad slaktare. Han hade djupa psykiska problem, och vårdades senare på sjukhuset Sidsjön. Gonerka var alkoholist och drabbades av depressioner. I slutet på 70-talet dödade Gonerka också ett pensionärspar, och även den gången var han impulsiv och hade en obefintlig planering. Han blev snabbt gripen av polisen.

Anders Carlsson dödade och styckade en finsk man 1987, och Carlsson kunde snabbt bindas till offret. Carlsson ljög klumpigt för polisen, han hade en personlig koppling till offret, och i Carlssons badrum hittades dessutom mängder av blodspår. Offrets kropp var inte heller särskilt väl gömd, den hittades snabbt, och liksom Gonerka underlät Carlsson att avlägsna och förstöra kroppsdelar som kunde användas vid identifiering (tänder, händer och fötter). Carlssons motiv till dödandet var för övrigt speciellt – han var något så sällsynt som en nekrofil. Styckandet av kroppen skedde antagligen av transportskäl, och Carlsson ville främst få tillgång till den döda kroppen.

Carlsson hade tidigare sysslat med åkeriverksamhet, och på 80-talet arbetade han som manager för det finska rockbandet Shock Tilt. Carlssons offer var gitarrist i bandet. Carlsson var intelligent och periodvis välfungerande. Han hade haft ett längre förhållande, och han var också far till ett barn. Det som hände 1987 hade dock en lång förhistoria, och ingen kunde nog ana hur länge Carlsson drömde om och planerade för sitt slutliga brott. Han hade tidigare gjort misslyckade försök att få tillgång till en död kropp, och ibland var hans beteende klart bisarrt och alarmerande. På 70-talet försökte han söva ett offer med eter, och en man blev skräckslagen när han upptäckte att Carlsson satt vid mannens säng och stirrade på honom medan han sov. Liksom Gonerka blev Carlsson vårdad på sjukhuset Sidsjön.

Även om Gonerka och Carlsson var väldigt olika som personer så uppvisar de vissa intressanta likheter. De var båda djupt störda, saknade empati och ljög obehindrat, och deras brottsliga beteende verkar vara symptomatiskt för många likstyckare. Gonerka och Carlsson var affekterade, impulsiva och dåliga på att planera, de styckade kropparna i varsin lägenhet, de lyckades inte gömma kroppsdelarna ordentligt, de lämnade tydliga spår efter sig, och de verkar ha styckat kropparna av transportskäl. Styckningarna av kropparna var allt annat än sofistikerade, och att Gonerka var utbildad slaktare verkar inte ha spelat någon avgörande roll för utförandet.

Och inte ens en intelligent och förberedd person som Carlsson lyckades göra sig av med den döda kroppen på ett ordentligt sätt och undkomma polisen. Carlsson hade förberett sig mentalt i flera år, men den praktiska verkligheten kunde han inte hantera.

Gonerka och Carlsson är två tragiska och patetiska brottslingar, med tydliga psykiska svagheter, liksom flera andra människor som slutar som likstyckare. Och kanske hade fallet da Costa blivit löst om polisen hade sökt efter en gärningsman som delade Gonerkas och Carlssons enkla grunddrag, någon som var lika klumpig, affekterad, oerfaren och dålig på att planera som dem.

Kanske hade allt sett annorlunda ut om polisen hade sökt efter en typisk, osofistikerad likstyckare istället för någon diaboliskt planerande superskurk.

# 21. Spaningsuppslag: utdrag (88-10-10)

Datum 1988-10-10  Klockan 07.00
Brott med vilket uppslaget här samman: Mord
Uppgiftslämnare: H***, H*** E***
Yrke/titel: Egen föret
Händelse (kort rubricering tex iakttagelse av person, fordon, gods
skottlossning, etc med angivande av tid och plats) Anser att inte alla spår i
detta ärende är utredda

[...]

H*** ringer för att han inte anser att alla spår i styckmordsrättegången blivit
utredda. Menar att det vore katastrofalt om de båda läkarna blivit oskyldigt
dömda.

H*** säger att Costa hade en hallick som var mycket våldsam - kanske han
tagit livet av henne?

Vid tiden för Costas död fanns en psykiskt sjuk människa som då var
frisläppt från Sidensjö [Sidsjön; polisens felskrivning]. Han heter Gonerka
och var dömd för styckmord. Gonerka är död nu, men det kanske var han
som mördade da Costa.

Dessutom fanns det då på SÖS en läkare som hette C*** (eller C***) som
var läkare till da Costa. Han hade också privatpraktik, men är borta sedan
da Costas död.

[...]

## 22. Spaningsuppslag (84-08-15)

Uppgiftslämnare: G***, E***

Brott med vilken uppgiften hör samman: mord

Gustafsson är hörd på KK1 idag 84 08 15 med anledning av sin iakttagelse av Catrine da Costa på fredagen 84 06 08:

84 06 08 kl 2130 besökte hon KUNGSTRÄDGÅRDEN i sin jakt efter heroin och ganska snart berättade "en snubbe" att detta kunde köpas vid 22-tiden i Högalidsparken och där väntade redan 5-6 andra missbrukare på kvällens "deal". E*** känner dom ej till namn utan endast till utseende. Vid 2200 kom langaren (okänd för E***!!) och samlade upp betalningen. Han gick därefter för att hämta "varorna" och ögonblicket efter dök Catrine upp - ensam. Hon var stressad och svor över att hon försovit sig och ej blivit väckt av hotellpersonalen trots att hon beställt väckning. E** hörde dock aldrig att Catrine nämnde hotellets namn. Av hennes uppträdande förstod E*** att Catrine ägt kännedom om att en narkotika-deal skulle ske i parken. Catrine hade dåligt med pengar men fick dock vara med på köpet när langaren återkom med heroinet.

En stund efter det att langaren gått dök två grabbar i 25-30-årsåldern upp. E*** känner dom endast till utseendet och vet att den ena, nedannämnde "ljuse", ofta vistas utanför Hornstulls systembolag, att han är "pantad i skallen" och är överhuvudtaget "en otrevlig typ".

Den ljuse var högljudd och frågade skrikande om någon hade något "röka" att sälja. Catrine svarade och erbjöd honom ett smakprov som hon plockat fram. De satt tilsammans och rökte en stund och E*** hörde hur Catrine sa till den ljuse att hon kunde leverera mer "röka" senare på kvällen. "Den ljuse" sa att han ville köpa för 1000 kr och man bestämde att de skulle träffas senare. Vid ett tillfälle då den ljuse ej hörde på vände Catrine sig till E*** och sa "Den här killen ska jag blåsa, jag behöver stålar så nu ska jag sälja fultjack". E*** försökte avråda Catrine då hon kände till "den ljuses" läggning men Catrine viftade bort det hela och upprepade att hon var i behov av pengar. Därefter, vid 2215-tiden, lämnade E*** och U*** parken och gick in i T-banan för att sedan åka hem.

U*** är identisk med U*** S***, 56*** och tillhörde alltså det gäng i parken som omnämns i början av förhöret.

När de lämnade Catrine i parken var denna klädd i blå kort jeansjacka, blå stickad tröja med vid hals, svarta jeans och skor utan klack i ljust nästan rosafärgat skinn. Hon hade flera örhängen av okänd typ och på hö handled ett smalt skinnarmband. Hon var på en stor bag - okänd typ.

Den ljuse: 23-30 år, 185-190 cm, normal kroppsbyggnad, hår: ljust, tjockt och lätt vågigt hår (ej långt), blå ögon (säker uppgift), ej skägg el mustasch. Bar blå jeansbyxor o jacka o gympadojor. E*** kan känna igen honom vid visning.

Den ljuses kamrat: c 25-27 år, 187-190 cm, mörkt ganska kortklippt hår, smal krb.

E*** hörde inte var och när Catrine o "den ljuse" stämde träff

# 23. Leif/citymördaren

I mitten av juni 1984 träffade da Costas vän T*** Å*** en kvinna ("Kristine") som sa att da Costa hade gett sig iväg med en man som nyligen hade muckat från ett fängelse. Kvinnan sa att hon hade träffat da Costa på kvällen den 12/6 eller den 13/6. Om kvinnan talade sanning fanns det tre män som kunde vara av intresse för utredningen. Två av dem (Robert och Martin) var knutna till Vincent och Eugeniavägen, där da Costas kvarlevor hittades i augusti. Robert och Martin anhölls den 4/6 och släpptes kort därefter. Det är möjligt att ett anhållande och ett fängelsestraff kunde förväxlas av ett vittne. Den tredje intressanta mannen hade däremot avtjänat ett straff i juni 1984.

Den tredje intressanta mannen är den så kallade Citymördaren, som i slutet av juli 1984 dödade en prostituerad kvinnan i Klaratunneln i City. Kvinnan höggs ihjäl efter ett banalt bråk om betalningen.

Mördaren - som kom att kallas Leif av media - var vid tiden för dådet 24 år gammal. Leif hade då ett digert brottsregister. Redan som fjortonåring hade han skjutit ihjäl en socialinspektör. Leif lämnade sin kriminalvårdsanstalt den 10/6.

Enligt Leif befann han sig i sin lägenhet i Eskilstuna under pingsthelgen Detta kan vara värt att notera, eftersom det senkomna vittnet J*** E*** sa att han kände Catrine "från sin tid i Eskilstuna". Det är oklart om polisen kontrollerade Leifs påståenden. Leif hade också en koppling till Södertälje, där han greps efter dråpet i Klaratunneln. Leif missbrukade narkotika och hade sannolikt tillgång till bil under perioden när da Costa dog. Den 24/7 greps Leif för rattfylleri och olaga hot, och han rymde kort därefter. Det finns också uppgifter om att Leif bytte namn kort efter da Costas död.

## 24. En styckmästare: Sture

Sture introducerades sent för polisen. Han blev aldrig formellt utredd, men liksom Vincent, Robert, Martin, Monika och Leif är han mycket intressant.

Sture bodde med sin familj i Solna under 70-talet och i början på 80-talet. Han flyttade till sin mor i Sundbyberg i slutet på 80-talet. Sture var utbildad styckmästare och arbetade som butikschef i en matbutik i Flysta, ett par kilometer från Solna.

Sture var socialt välfungerande, men uppvisade också ett avvikande beteende. Enligt Stures hustru Y\*\*\* B\*\*\* var han notoriskt otrogen, och han ska också ha gömt trosor och dambindor i trappuppgången där familjen bodde. På 80-talet dömdes Sture för incest, och det fanns misstankar om att förgrep sig på båda sina döttrar. Sture och Y\*\*\* B\*\*\* hade tre barn, två döttrar och en pojke (S\*\*\*, J\*\*\* och M\*\*\*). På inrådan av de sociala myndigheterna slutade Sture att träffa dottern J\*\*\* i mitten på 80-talet.

Y\*\*\* B\*\*\* förhördes 1985, och hon sa att Sture hade slagit henne vid något enstaka tillfälle, men han hade varit djupt ångerfull. Y\*\*\* B\*\*\* sa också att hon ville skiljas 1969 och 1979, men Sture hade blivit förtvivlad. Vid ett tillfälle ska han ha sprutat startgas i halsen och hotat med självmord. Y\*\*\* B\*\*\* sa också att Sture hade utsatt barnen för daglig verbal misshandel.

Äktenskapet var instabilt, och Y\*\*\* B\*\*\* drabbades ibland av depressioner. Hon diskuterade ibland med S\*\*\* vilka släktingar som kunde ta hand om S\*\*\* och henne syskon om något hände Y\*\*\* B\*\*\*.

Enligt Stures släktingar fanns det flera obehagliga oklarheter runt Sture, som var intresserad av kriminalfall, men han verkade besvärad när ett samtal råkade komma in på da Costa. I början på 2000-talet försökte släktingarna aktivt prata med polisen och väcka intresse för Sture. Släktingarna undrade om Sture möjligen kunde vara kopplad till da Costas död.

Släktingarnas funderingar kan förstås ha uppkommit för att de kände en motvilja mot Sture, som hade dömts för incest och var en avvikande person, och de kan förstås ha drabbats av kollektiv paranoia, men det fanns flera intressanta omständigheter runt Sture som är svåra att ignorera.

Sture var inte bara en allmänt suspekt person. Han bodde dessutom i porten bred vid den man som brukar kallas Uffe eller "väktaren". Uffe finns noggrant beskriven i Per Lindebergs bok Döden är en man, och vi ska inte uppehålla oss vid Uffe, men de sociala mönstren runt honom är intressanta.

Hos Uffe bodde en av da Costas nära väninnor under långa perioder, och Stures ena dotter besökte också Uffes lägenhet ofta. Dottern brukade hjälpa väninnan med hennes hund. Kontakten mellan Uffes och Stures lägenhet var alltså utvecklad, och Sture kände nog till Uffe. Och långt efter da Costas död kunde Stures dotter namnge da Costas väninna utan hjälp. Dottern kände också till att det fanns prostituerade kvinnor hemma hos Uffe. Uffe var en så kallas torrtorsk, som gav mat och husrum åt prostituerade kvinnor.

Uffe arbetade på natten och brukade också lämna tips till polisen, men han avvecklade sitt nattarbete efter da Costas död och slutade lämna polistips. Uffes nattarbete är såklart värt att notera, eftersom hans lägenhet lämnades obevakad på natten, när prostituerade kvinnor, missbrukare och kriminella personer brukar vara vakna och aktiva. Uffe reste också till Kanada ibland, där han enligt egen utsago letade efter mineraler (han var utbildad bergsingenjör). Vem eller vilka som fanns i Uffes lägenhet under hans nattpass och utlandsvistelser är helt oklart, men det står i alla fall klart att Uffe lämnade sin lägenhet under långa perioder.

Polisen har aldrig varit intresserad av Stures förehavanden under sommaren 1984 och närheten till Uffe, trots att Uffe var en av de två personer som cold case-gruppen undersökte noggrant i slutet på 90-talet. Det var dessutom da Costas väninna Vicky som från början väckte polisens intresse för Uffe.

Sture har nu flyttat från Stockholm och bor med en ny partner i södra Sverige. Enligt Stures släktingar misshandlar han troligen sin nya partner.

## 25. Nummer 12: Vincent/hästdödaren

Vincent var nummer 12 i polisens fotoalbum, som visades för prostituerade kvinnor på hösten 1984. Vincent var känd på Malmskillnadsgatan, och han var polisens enda utvecklade spaningsobjekt, ett faktum som varit helt okänt för allmänheten fram tills nu. Det fanns ett flertal skäl för polisen att intressera sig för Vincent, vilket kommer att framgå tydligt i detta kapitel.

Vincent föddes i Norrland 1940, i Torps församling. Han växte upp i en jägarsläkt på en gård. Hans mor var same enligt honom själv. Fadern var köpman. Vincent växte upp under goda hemförhållanden, enligt polisens levnadsberättelse från 1968. Vincent inledde en kriminell bana i början av 60-talet, och 1968 förhördes han av polisen efter ett krogslagsmål. Det var då som polisen skrev levnadsberättelsen, som innehåller en del intressant stoff.

Vincent genomgick folkskola, realskola, tvåårig handelsskola, ettårig teknisk förberedande och en flerårig restaurangskola. Han fullgjorde värnplikten vid LV5 i Sundsvall som korpral.

På 60-talet arbetade Vincent som servitör. Han var också dörrvakt och cirkusarbetare, men det är oklart när och var han hade dess yrken. I slutet på 60-talet var Vincent restaurangchef på krogen Cécil i Stockholm. Cécil låg på Biblioteksgatan, och blev senare den ökända nattklubben Alexandra. Efter 1968 försörjde Vincent sig som affärsman, och han arbetade bl.a. med sprut-isolering. Vincent hade också ett stort hästintresse och var en utpräglad djur-människa, och i slutet på 80-talet var han ett välkänt namn inom trav-sporten.

Vincents yrkesliv var splittrat och hans livsföring var kaotisk. Det är tydligt att han hade personliga problem, och dessa förvärrades med åren. Vincent var alkoholiserad och missbrukade också narkotika, men vad han missbrukade vet vi inte. Flera personer har kommenterat Vincents missbruk, men utan att vara specifika. I en utredning från våren 1984 påstår ett vittne att Vincent har setts "nerknarkad".

Under arbetet med denna bok har jag tagit del av personliga omdömen från människor som varit i kontakt med Vincent. Dessa omdömen är tänkvärda. Vincent har kallats för dubbelnatur, labil, obehaglig, otäck och allvarligt personlighetsstörd. Under en period fick Vincent långvarigt stöd av en vän, som försökte styra bort honom från den kriminella banan, vilket misslyckades.

Det finns också en intressant historia om Vincent och ett besök på ett kasino. Vincent vann inte, men gick tydligen iväg med spelmarkerna ändå, medan han påstod att han vunnit. Historien är inte verifierad, men kommer från en person som hade utvecklad kontakt med Vincent, och historien är troligen sann, väl överensstämmande med Vincents personlighet. Vincent var en gränslös, vanemässig lögnare som ägnade sig åt mångfacetterad brottslighet. Det är troligt att han hade en antisocial personlighetsstörning. I äldre tider skulle han troligen kallas sociopat eller psykopat.

Som framgår av polisens spaningsuppslag (se kapitel 36) hade Vincent dåligt rykte, och ett vittne som kände honom väl gav polisen värdefulla tips som tyvärr inte undersöktes ordentligt. Vittnet gav intressanta och precisa uppgifter, och sa att Vincent kunde var knuten till en bordell på Upplandsgatan, och vittnet hade hört att Vincent var våldsam mot kvinnorna på bordellen.

Vincent etablerade sig (och flyttfirman Billiga Andersson) på Eugeniavägen i början på 80-talet, och han övergav adressen strax efter Catrine da Costas död. Verksamheten på Eugeniavägen var omgärdad av problem. Det skedde upprepade inbrott i lokalerna, Vincent hävdade att han var hotad och förföljd, och i juni 1984 besökte polisen adressen med anledning av en bilstöld. Firman hade då gått i konkurs (detta var den andra konkursen Vincent gjorde på 80-talet), och polisen möttes av oreda och misär. I juni 1984 var Vincents arbetslokaler mest en värmestuga för alkoholister, och den enda fungerande verksamhet som bedrevs var sporadiska bilreparationer, som utfördes på firmans gård på Eugeniavägen.

Vincent umgicks med dysfunktionella människor, och var uppenbarligen själv dysfunktionell. Han var inte heller främmande för hot och våld, men det finns inga uppgifter om att han fälldes för misshandel, dråp eller mord. Han påstod själv att han var mördare, men det sa han troligen bara för att skrämma ett offer. Det finns däremot vittnen som har kommenterat Vincents hotfulla beteende. Enligt en av Vincents affärsbekanta (T*** J***) kom Vincent till dennes kontor tillsammans med hantlangare, och de hade med sig "batong" och "andra tillhyggen". T*** J*** sa att pengar betalades ut till Vincent under hot, och är historierna sann så var Vincent utpressare.

1990 uppmärksammades Vincent i media efter en spektakulär incident, och han dömdes för djurplågeri och bedrägeri. I januari 1990 körde Vincent sitt hästsläp över en kajkant i centrala Stockholm. Tre av Vincents travhästar drunknade. Vincent hävdade senare att det hade skett en olycka. Dränkandet av hästarna är ytterst obehagligt, och incdenten säger en hel del om Vincents personlighet. Att han ljög om hästincidenten och hade få normala gränser är helt uppenbart. Vincent fällde också en underlig kommentar när han blev intervjuad och berättade om hästincidenten. Han uttryckte avsky inför tanken på att döda hästar och sa att det är "som att döda en människa".

På 90-talet urartade Vincents liv, och han blev rättshaverist, maniskt upptagen av hästincidenten och att få upprättelse. Vincent har också uppgett att han försökt ta sitt liv, men det är oklart när detta skulle ha skett. Enligt Vincent vårdades han på Södersjukhuset i Stockholm. Hans privatliv, kriminella karriär och yrkesliv kan inte kartläggas fullständigt, men det finns tillräckligt med fakta som talar till hans nackdel. Vincent borde absolut ha förhörts noggrant, och hans umgänge borde ha undersökts 1984.

Vincents geografiska positioner i juni 1984 och vissa datum kan noteras. Vincent var i kontakt med firman på Eugeniavägen 25 den 5/6, och han var i Stockholms innerstad i juni. Han rörde sig dessutom i zoner där da Costa ofta brukade uppehålla sig.

Den 5/6 talade Vincent med polisen, med anledning av en bilstöld som hade inträffat på Eugeniavägen 25 den 4/6. Det framgår av polisens utredning att Vincent hade kontakt med flyttfirman Billiga Andersson och dess klientel. Polisen besökte firman, Vincent fick tillbaka bilnycklar av polisen, och han verkar ha haft en ledarfunktion, trots att firman gick i konkurs i maj 1984.

I ett förhör från 1985 sa Vincent att han var på affärsmöte på Hotell Anglais i början av juni. Hotell Anglais låg vid Stureplan, ungefär 500 meter från

Kungsträdgården (fågelvägen), där da Costa ofta uppehöll sig. Enligt vittnen som kände henne väl var da Costa i Kungsträdgården i juni.

En prostituerad kvinna som förhördes 1984 sa att Vincent gillade att besöka Café Opera, och Café Operas närhet till da Costa och hennes umgängeskrets kan noteras. Théhuset (som nämns i NK:s långa förhör) är en klassisk mötespunkt i Kungsträdgården. Théhuset ligger ungefär 50 meter från Café Operas entré. Om Vincent besökte Café Opera i juni 1984 var det sannolikt att han skulle stöta på da Costa eller få syn på henne. Han var dessutom sexköpare och välkänd på Malmskillnadsgatan, och enligt N*** K*** var da Costa på Malmskillnadsgatan i juni.

Den 15/6 besökte Vincent kriminaljouren, där han lämnade in en egen anmälan. Detta skedde tidigt på eftermiddagen. Den 15/6 är samma datum som da Costas vän J*** E*** nämnde när han intervjuades 2007. Enligt J*** E*** träffade han da Costa på Gamla brogatan den 15/6, ungefär klockan 19.00. Da Costa hade då sällskap med en stressad, manlig missbrukare i medelåldern.

Da Costas väninnan S*** S*** sa till polisen att hon och da Costa träffades ungefär en vecka efter den 8/6, och de två väninnorna ska ha skilts åt vid middagstid. Om J*** E*** och S*** S*** talar sanning upphör spåren efter da Costa i mitten av juni, i centrala Stockholm.

Identiteten på mannen som J*** E*** beskrev är naturligtvis intressant, men kommer nog aldrig att fastställas, men det är kanske möjligt att J*** E*** råkade se da Costa ihop med Vincent, som kände da Costa, var missbrukare och var i Stockholms innerstad den 15/6. Vincent var 43 år gammal i juni 1984, men missbrukare ser ibland äldre ut än vad de är. Åldern på missbrukare är svår att bedöma. Och Vincent var inte mörkhårig. Mannen som J*** E*** ska ha sett var mörkhårig.

Vincent var både missbrukare, kriminellt belastad och sexköpare. Han var känd på Malmskillnadsgatan, där da Costa ofta uppehöll sig, och han hade också en professionell koppling till Malmskillnadsgatan. I början på 80-talet hade Vincent en juridisk kontaktperson på Malmskillnadsgatan 47. Kontaktpersonen avbröt samarbetet med Vincent, eftersom det märktes att "allt inte stod rätt till".

År 2005 gjordes ett försök att informera polisens utredare om Vincent, som blivit intressant på nytt, eftersom det hade upptäckts att SKL (Statens kriminaltekniska laboratorium) hade kvar hårstrån från handduken som hittades vid Ekelundsvägen. Utredarna var dock inte intresserade av att Vincent skulle DNA-testas. Det är oklart varför. En mer intressant nyckelperson har polisen aldrig varit i närheten av.

Vincent borde absolut ha DNA-testats, med tanke på hans dysfunktionella personlighet, kriminaliteten, det suspekta beteendet och kontakten med da Costa. Vincent var dessutom knuten till fyndplatsernas närområde i många år, både bostadsmässigt och yrkesmässigt. Det finns säkerligen vävnadsprover från Vincent sparade, men i dagens läge kommer ingen DNA-testning att ske.

Vincent avled på en missbrukarcamping i Helsingborg 2005.

# 26. Utredning: olaga hot (03/84)

Pensionären R*** S*** och dennes dotter P*** S*** förhördes på våren 1984. P*** S*** sa att Vincent hade ringt henne tidigt på morgonen och hotat henne och R*** S***. Vincent förhördes i mars. Han förnekade att han hade hotat P*** S*** och R*** S***. Enligt Vincent ringde han P*** S*** för att han inte hade kunnat få tag på R*** S***. Vincent sa till polisen att R*** S*** var skyldig Vincent 6870 kr, och ärendet var att få pengarna. Vincent och R*** S*** kände varandra väl. Vincent var tidigare anställd hos R*** S***, som hade försökt hjälpa Vincent att avbryta sin kriminella verksamhet.

Enligt P*** S*** sa Vincent att kunde beordra några män att "bestraffa" fadern eller henne. I förtäckta ordalag skulle Vincent ha sagt att någon av de båda skulle dödas. Vincent sa också att han hade suttit inne för mord, att han hade kontakter inom maffian, och att han hade en "maffiakontakt" som spionerade på R*** S***.

Vincent lät "gnällig" och "blödig" under telefonsamtalet, och P*** S*** trodde att han kunde ha varit påverkad av något annat än alkohol. P*** S*** kände starkt obehag efter telefonsamtalet och vågade inte gå ut på kvällarna.

P*** S*** kontaktade genast R*** S***, som befann sig i sitt hem. R*** S*** sa åt P*** S*** att genast göra en polisanmälan, eftersom han kände allvarlig fruktan för sitt eget och dotterns liv. Enligt R*** S*** var Vincent "fullt kapabel att verkställa hoten".

Enligt P*** S*** ville Vincent att pengarna omedelbart skulle levereras till Eugeniavägen 25 i Stockholm, och skedde inte detta skulle hoten verkställas.

Vid denna tidpunkt hade Vincent en lång kriminell karriär bakom sig. Han var multikriminell och var inte främmande för att hota och använda våld, vilket andra utredningar visar, och ytterligare en person har vittnat om hot och utpressning.

Vincents affärskollega A*** J*** förhördes i januari 1985, eftersom Vincent hade anmält honom för förskingring, alternativt bedrägeri. Enligt A*** J*** hade han hjälpt Vincent och dennes fästmö med pantbrev och lån, men

Vincent vände sig mot A\*\*\* J\*\*\*, som ska utpressats på sitt kontor. A\*\*\* J\*\*\*
hotades med "bl.a. batong", och Vincent hade med sig två hantlangare.
Dagen efter incidenten kom en man till kontoret och kvitterade ut 20 000
kr, som Vincent fick.

## 27. 84-06-08: haschköp och en planerad blåsning

Den 8/6 var en händelserik dag för da Costa, och det finns flera vittnesmål från den 8/6 som kan studeras tillsammans och som bildar ett löst mönster.

Den 8/6 var da Costa tillfälligt stadd i kassa, och hon hade snabbt börjat spendera pengar. Da Costa hade köpt ett armband och en stor bandspelare (en "bergsprängare") av missbrukaren K\*\*\* V\*\*\*. Armbandet ska ha varit prytt med "månstenar", och det kostade 400 kr. Bergsprängaren hade stulits på hamburgerrestaurangen Clock den 6/6. Den kostade 1000 kr.

Da Costa betalade också en skuld, men verkar inte ha varit särskilt planerande. Enligt vittnen blev hon snabbt skuldsatt igen. Hon ska ha köpt heroin på krita den 8/6, på kvällen, och hon ska också ha planerat att lura två knarkkunder samma kväll. Dessa händelser beskrivs senare i detta kapitel.

På eftermiddagen träffade da Costa vännerna S\*\*\* S\*\*\* och T\*\*\* Å\*\*\*, som inte kände varandra. Da Costa bar på bergsprängaren. Bergsprängaren och diverse ägodelar låstes in i ett förvaringsskåp.

När T\*\*\* Å\*\*\* senare förhördes av polisen nämnde han en "väldigt stor" man som var med vid mötet med da Costa och S\*\*\* S\*\*\*. T\*\*\* Å\*\*\* kände inte igen mannen.

Den storväxte mannen nämndes inte av S\*\*\* S\*\*\* när hon förhördes av polisen. Hon hemlighöll mannens närvaro vid mötet. Skälet till detta är intressant, liksom den storväxte mannens identitet, men det går inte att komplettera centrala vittnesmål och få klarhet i saken. Både S\*\*\* S\*\*\* och T\*\*\* Å\*\*\* är döda sedan länge.

Den storväxte mannen kunde vara C\*\*\* B\*\*\*, som S\*\*\* S\*\*\* var ihop med 1984, men S\*\*\* S\*\*\* sa till polisen att hon var ihop med C\*\*\* B\*\*\* (vars visitkort hittades bland da Costas tillhörigheter), och det finns inget som tyder på att C\*\*\* B\*\*\* skulle vara inblandad i avancerad brottslighet eller da Costas död. Det är tveksamt om C\*\*\* B\*\*\* behövde sin flickväns beskydd.

Da Costas köpte enligt vittnesmål heroin på krita på kvällen, vid 22-tiden, och hon ska samtidigt ha planerat att lura två av sina narkotikakunder.

Flera narkomaner samlades i Högalidsparken på Södermalm, en langare tog betalt, och langaren gick iväg för att hämta narkotikan. Enligt vittnet E*** G*** hade da Costa dåligt med pengar, men "fick ändå vara med på köpet".

Under samma kväll skulle da Costa sälja hasch till två berusade män. Enligt ett vittne skulle haschet kosta männen 1000 kr. Till en väninna sa da Costa att hon skulle sälja "fultjack" till männen, eftersom hon behövde pengar. Detta är ganska anmärkningsvärt, eftersom da Costa nyligen hade råd att köpa ett armband för 400 kr och en bandspelare för 1000 kr. Hon planerade inte att sälja bandspelaren. Priset för en "kabbe" (en heroinkapsel) var 500 kr 1984, och da Costa saknade fast bostad. Pengarna borde ha kunnat användas till annat än lyxföremål. Da Costas ekonomiska prioriteringar är svåra att förstå.

En av de två berusade männen frågade om någon hade "röka" att sälja. Da Costa erbjöd ett smakprov och satt och rökte med en av männen en stund.

Enligt vittnet E*** G*** (prost.) så hade da Costa sålt hasch till de två berusade männen (en "blond" och en "mörkare") förut. Här följer ett utdrag ur polisens spaningsuppslag från 1984.

> Bäckström [d.v.s. da Costa, min anm.] skulle följa med killarna in till city och där sälja "röka" till dom. Hon hade sålt röka till dom tidigare men den här gången skulle blåsa dom på pengar och sälja "fultjack". Anledningen till detta skulle enl. G*** vara att Bäckström var i stort behov av pengar.

Det kan noteras att da Costa var bekant med de två kunderna. Om da Costa hade sålt hasch till dessa kunder tidigare kände de kanske till hennes bekanta och platser där hon gärna uppehöll sig, och självklart är det farligt att lura narkotikakunder på pengar. 1000 kr var nog en betydande summa i da Costas kretsar, där pengar spenderades snabbt och inkomsterna var osäkra. De missbrukare som da Costa umgicks med levde säkerligen på socialbidrag, sjukbidrag, lågavlönade arbeten och inkomster från brottslig verksamhet.

Enligt E*** G*** avrådde hon da Costa från att lura männen, med tanke på "den blondes" "läggning" och den "den blonde" var enligt da Costa "pantad i skallen, en otrevlig typ". Väninnans pojkvän U*** S*** uppmärksammade också "den blonde", och kände att det var någonting "obehagligt" med honom, men pojkvännen kunde inte att precisera vad.

U*** S*** var med vid mötet i Högalidsparken, och han kunde bekräfta flickvännens vittnesmål. U*** S*** sa i förhör att han hade sett da Costa sent på kvällen den 8/6 tillsammans med två männen som E*** G*** hade nämnt för polisen.

E*** G*** sa till polisen att hon hade sett de två männen vid Hornstull både före och efter den 8/6. "Den blonde" ska ha uppehållit sig vid Systembolaget vid Hormstull.

De två berusade haschköparna är värda att begrunda, inte bara för att "den ljuse" upplevdes som obehaglig och för att da Costa planerade att lura dem (om vi ska tro på väninnans vittnesmål). Haschköparna påminner vagt om Robert och Martin, de alkoholiserade biltjuvar som anhölls den 4/6, och det finns också en tidsaspekt att begrunda.

U*** S*** gav ett ganska detaljerat signalement på de två haschkunderna.

Beträffande akt män uppgav S*** att den ena var ljushårig och med en längd av cirka 185. Beträffande håret ville S tro att detta var rätt så kort. Vidare var detta lockigt. Klädseln var blå jeansbyxor och blå jeansjacka. Beträffande den andre mannens utseende kunde S inte uttala sig. Det var något med den ljushåriga mannen som fäste hans uppmärksamhet. På något sätt fanns det något obehagligt hos denne som fäste S uppmärksamhet. Båda männen hade varit berusade [...]

Det finns en del att fundera på. Robert och Martin var polare, suparbröder.. De umgicks och söp på våren och i början på sommaren 1984.

I ett förhör från 70-talet uppges Roberts hårfärg vara "ljus". Robert var dessutom labil och våldsam, och det vore inte konstigt om han väckte oro och obehag hos sin omgivning.

Robert var 197 cm lång, och Martin var 179 cm lång. Robert och Martin var ungefär lika långa som de två haschköparna i Högalidsparken, men vittnens längduppgifter är inte alltid att lita på, särskilt om de bedömer helt okända personers längd.

Polisen släppte Martin den 7/6, och Robert släpptes säkerligen samtidigt. Och dagen efter dyker alltså de två berusade haschkunderna upp.

Att Robert använde cannabis vet vi. På 80-talet omhändertogs han, eftersom han var redlöst berusad, och vid visitering hittade man 0.8 gram cannabis i hans ficka. Robert har själv uppgett att han missbrukade alkohol och cannabis, och att han slutade använda tunga droger i mitten på 70-talet.

En av haschköparna hade samma ytliga klädsignalement som Martin hade när han greps den 4/6. Det vore inte konstigt om den grava alkoholisten Martin struntade i att byta kläder mellan den 4/6 och den 8/6. Martins hårfärg känner vi tyvärr inte till. Mannen i jeanskläder var ljushårig. De två haschköparna hade enligt vittnesmål olika hårfärg – en var "ljus" och den andre "mörkare".

Da Costas vän T*** Å*** sa för övrigt att en okänd kvinna ("Kristine") hade sagt att Catrine hade stuckit med en kille som just hade "muckat" från fängelse.. T*** Å*** ska ha talat med "Kristine" i mitten av juni 1984. Detta fragment av utredningen är ganska intressant, eftersom Robert och Martin satt anhållna i början av juni. Kanske blandade "Kristine" eller T*** Å*** ihop termerna. Kanske syftade "Kristine" på ett häkte och inte ett fängelse.

N*** K*** har också några fragment att bidra med. N*** K*** sa att han träffade missbrukare från Norrland den 7/6. En av en norrlänningarna sov över hos N*** K*** natten till den 8/6. Norrlänningen hade en stor mängd mynt som han växlade på en bank den 8/6. Summan var 500 - 1000 kr. N*** K*** och "ynglingen från Norrland" skildes åt i Högalidsparken på förmiddagen den 8/6. Norrlänningen satt kvar i parken när N*** K*** gick.

Martin släpptes som sagt var av polisen den 7/6, och han var norrlänning. På 80-talet var Martin skriven i Gällivare. Han flyttade till Stockholm 1980, men besökte ibland Gällivare, och det är inte omöjligt att han var en av de resande norrlänningar som N*** K*** nämnde i sin berättelse från 1984.

Kanske är allt detta en produkt av slumpen. Det kan ingen avgöra nu, när mer än tre decennier har gått, men det är tydligt att polisen hade en mängd intressant stoff att arbeta med på sommaren 1984, och de sammanträffanden som har beskrivits i detta kapitel kunde ha undersökts.

Vi kan också notera att da Costa hade ekonomiska problem in i det sista. Hon planerade både en blåsning och skaffade sig en knarkskuld. Och i den värld där da Costa levde kunde en människa dödas för vilken småsumma som helst. I missbrukarnas värld är våldet ett naturligt sätt att kommunicera, och aggressiviteten är lättantändlig. Da Costas död var säkerligen enkel och krass, och ingenting tyder på att hon dödades av rituella eller perversa skäl.

# 28. Spaningsuppslag/Vincent (84-09-14)

*Mannen som beskrivs i dessa spaningsuppslag är Vincent.*

Numren går till personer på Rörstrandsgatan 32, Åsögatan 95, Karlbergsvägen 86, Björns trädgårds gränd 4 och Gästrikegatan 6

Såvitt kunnat kontrolleras förekommer inget av de telefonnummer (enl Röda Boken 1984) som går till olika firmor på Eugeniavägen i catrine da Costas telefon- eller anteckningsbok.

[...]

Uppföljning av K*** V*** O***, f 40***

I Catrin da Costas anteckningsbok under bokstaven V förekommer följande notering: "V*** 31 07 16" Enl kontroll med Televerket hemligt tel nr som går till J*** E***, R*** 32, Stockholm. (E*** förekommer inte känd för något ofördelaktigt). Vid koll på adressen finns textad namnskylt i furu - familjeskylt - på lgh:s dörren. Verkar vara E*** som tillsammans med hustru och två barn på adressen. Barnröster och en kvinna hörs från aktuell lgh - varför kontakt ej tages med E***.

841017 hörs M*** B*** - prost. - Vallmotorp - uppslag E 236. B*** berättar då att hon trol. under våren 1983 varit tillsammans med en kund som heter V***- en man i 35-årsåldern, ca 170 cm lång, kraftigt byggd - i flyttfirman B*** A*** tillhörig lokal på Eugeniavägen.

Vid förnyad kontroll av tel nr 31 07 16 framkommer, att aktuellt nummer innehafts av abonnent E*** åtskilliga år. Vid kontroll i Röda Boken konstateras, att B*** A*** & E*** AB, Eugeniavägen 25 har följande telefonnummer 31 07 60 o 33 56 29. (Kan Catrine da Costa möjligen ha noterat fel tel nr - ha hört fel och skrivit upp 16 istället för 60?)

841018 konstateras, att V*** O*** är skriven på Fleminggatan 70, nb, Sthlm. Kinsp/KK 1 L*** J*** och J*** S*** besöker samma dag aktuell adress, varvid konstateras att det finns ingen K*** vare sig på anslagstavlan i entrén eller på någon lägenhetsdörr. Vi ringer på hos två grannar på nedre botten, men in gen av dem känner någon som heter V\*\*\* O\*\*\*. Den ene grannen - yngre kille - uppger att han bott i sin lgh i ca 2 år och att det dessförinnan bodde en eller möjligen flera män i lgh. Den andre grannen - äldre man - har bott på adressen i många år, men känner ingen V\*\*\* O\*\*\*. Adressen verkar inte aktuell.

841018 em besöker vi även adressen <u>Eugeniavägen 25</u> - <u>Billiga Anderssons adress</u> - <u>ävensom V Karlssons</u> adress vad avser fordon som är registrerade på honom. (BKR 732, n/66 Opel Kadett, körförbud avst, CEA 685, m/54, Volvo P 1900, körförbud, avst, EDM 437, m/64, Opel Rekord, körförbud, avst.)

Krinsp L\*\*\* J\*\*\* och J\*\*\* S\*\*\* sammanträffar på Eugeniavägen 25 med en storvuxen man som öppnar ett fönster till en barackliknande byggnad. Mannen frågar om vi söker O\*\*\* - vilket bekräftas. Mannen uppger att O\*\*\* fn är svårt sjuk - snackar om någonting i huvudet - tumör eller liknande - samt uppger samtidigt att O\*\*\* befinner sig någonstans i Småland - troligtvis i Vetlandatrakten på någon form av vårdhem troligtvis. Mannen vet inte närmare, men uppger att O\*\*\* väntas till Stockholm tisdagen den 23/10 1984. Eftersom det framkommer att O\*\*\* ibland brukar ringa till firman på Eugeniavägen, ombeds mannen underrätta O\*\*\* om att han ska ringa till kriminalpolisen.

<u>V\*\*\* O\*\*\* innehar p-akt</u>, samt är fotad för många år sedan. (55.214/63). P-akten omfattar ett 10-tal punkter bla bedrägeribrott, olaga yrkesmässig trafik och olaga hot. (1984-02-07 anm K 11562-84 och K 11640-84)

<u>I fu betr. olaga hot framgår bla:</u>

1) att mä sett V\*\*\* O\*\*\* "nedknarkad" - ävensom hört rykten om att V\*\*\* skall ha/haft bordell på Upplandsgatan där han skulle ha misshandlat flickorna.

2) Att V\*\*\* O\*\*\* i förhör <u>84-03-20</u> uppgivit Eugeniavägen 25, Stockholm som sin bostadadress.

3) Att (enl utredningsanteckningar) O\*\*\* uppför sig "konstigt" - sedd på rest. i Sthlm iklädd träningsoverall och hårband. O\*\*\* sedd i VW-buss på stan.

4) Att V\*\*\* O\*\*\* <u>84-03-14</u> per telefon till epm M\*\*\* O\*\*\*/KK 1 i samband med kallelse till förhör har sagt, att han numera <u>bor på kontoret</u> vid <u>Eugeniavägen 25</u>, Stockholm.

Vid kontroll med målsäganderegistret 84-10-23 framgår, att V\*\*\* O\*\*\* <u>1984-06-15</u> kl 13.25 besökt krim.jouren och gjort anmälan om förskingring anm K 55151-84 avseende fastighetsaffärer i Småland.

1984-10-23 inkommer brev från V\*\*\* O\*\*\* av vilket bla framgår, att han nåtts av att vi sökt honom på Eugeniavägen 25 och han förstår inte varför. det framgår även att han pga svår sjukdom önskar ett sammanträffande först om [här syns bara en kluddig ring i texten, och antalet veckor går ej att utläsa, min anm] veckor. Av brevet framgår inte hans vistelsedress. Brevet tycks vara stämplat i Växjö 84-10-22.

Eftersom V\*\*\* trots löfte i brev inte hört av sig till Våldsroteln, söktes han 84-11-08 per tel 31 07 60 (går till Eugeniavägen 25), där man svarade att V\*\*\* ännu inte återkommit till stan. Han förväntade sig att V\*\*\* skulle ringa 84-11-09, varvid han skulle framföra till V\*\*\* att han skulle sätta sig i telefonförbindelse med krim.

V\*\*\* hörde inte av sig - varken 9/11 eller månd. 12/11 - 84, varför nytt försök gjordes att nå honom gm att ringa till Eugeniavägen 25. Det tutade nu upptaget och hänvisningston. Vid kontroll med Televerket framkom, att det nu ej längre finns abonnent på något av de båda telefonnummer som funnits till B\*\*\* A\*\*\*, Eugeniavägen 25.

84-11-14 em besöks Eugeniavägen 25 - det verkar helt igenbommat.

84-11-15 kontaktades <u>försäkringskassan</u> där V\*\*\* O\*\*\* förekommer med adressen Fleminggatan 70, nb, 112 45 Stockholm , ej tel.

Enl. uppgift till f-kassan 84-07-26 finns han noterad med yrke som trafikledare för A\*\*\* E\*\*\*, Eugenivägen 25, 113 33 Stockholm, ej tel.

<u>Vistelseadress:</u> c/o S***, A*** 12, 122 31 Enskede, ej telefon. F-kassan har skickat brev til angiven vistelseadress - men breven har kommit retur. Enl Röda Boken finns ingen S*** på adressen - däremot V***. O*** har aldrig varit sjukskriven.

84-11-15 kontaktades VO:s juridiska ombud H*** M***, Malmskillnadsgatan 47 A, Sthlm, tel *** - vilken upplyste om att han kopplade av O***sedan han märkte att det inte stod riktigt rätt till. M*** kände inte till var O*** numer uppehåller sig. Han tror att O*** möjligen kan befinna sig på något slags hälsohem med religiös anknytning någonstans i Småland - vet ej var någonstans. Han lovade att undersöka gm sina gamla kontakter att om möjligt få fram var man kan få tag i O***, varefter han ringer våldsroteln.

84-11-15 - kvällstid besöks Eugeniavägen 25 - finns ingen där. Samma kväll hörs prostituerade A***- som igenkänner O*** från "gatan" som en som hon senast för ca en 1 månad sedan såg på "gatan" iklädd en röd skärmmössa med öronskydd.

[...]

<u>Polisens sammanställning av adresser som förekommer beträffande Vincent Karlsson under åren</u> [ev c/o-namn är raderade, min anmärkn.]

Styrmansgatan 14 Sthlm (mitten av 60-talet)
Upplandsgatan 25 3 tr ög Sthlm (slutet av 60-talet)
G:a trollhättevägen 6 Kungälv (början av 70-talet och senare)
Fleminggatan 70 nb Sthlm (i början av 80-talet, mantalsskriven där men inte boende där) Oppundavägen 16 Enskede (Ev 1981)
Älvsjövägen Älvsjö (1982 - kontor för Billiga Andersson)
Karlbergsvägen 66 Sthlm (1982 -"-)
Artistvägen 12 (uppg. adress 84- till f-kassan - brev i retur)
Eugeniavägen 25 (Av Vincent uppgiven som bostadsadress 1983-10-07, 1984-03-14, 1984-04-20 och 1984-06-15)
Okänd adress (ev vistas Vincent numer på ett hälsohem någonstans i Småland)
Okänd adress (Uppgift förekommer från prost. att Vincent haft tillgång till liten 1:a i Gamla stan)

# 29. Robert

I ett förhör som hölls i mitten 1985 nämnde Vincent två anställda som var gravt alkoholiserade och kriminellt belastade: Robert och Martin. Robert är särskilt intressant. Hans brottslighet var långvarig och kaotisk, och han var våldsam vid många tillfällen. Robert var också stark och iögonfallande. Han var 197 cm lång, magerlagd, men bred över axlarna enligt vittnesmål.

Roberts hade långvariga sociala problem. Hans yngre syster omhändertogs av de sociala myndigheterna, och han har utretts för rattfylleri, skadegörelse, inbrott, bilinbrott, misshandel, rånförsök, narkotikabrott, bilstöld, olaga hot och urkundsförfalskning. Roberts brottslighet har präglats av impulsivitet, och han har ofta varit berusad vid brottstillfällena.

I slutet på 70-talet dömdes Robert till skyddstillsyn med behandling på anstalt, och han genomgick också en personundersökning. Hans situation bedömdes som mycket problematisk. Under sommaren 1979 bodde Robert under bar himmel. Han försökte bo hos sin syster, men tvingades flytta, eftersom tre personer delade på en enrummare. Robert var arbetslös, och han ansågs svår att kontakta och samarbeta med.

Robert missbrukade både alkohol och narkotika. Den 13/8 1987 fördes han till TNE (Tillnyktringsenheten) på Sabbatsbergs sjukhus. Vid visiteringen hittades 0,8 gram hasch. På sommaren 1989 greps Robert igen och utreddes för narkotikabrott. Han erkände brott och sa att han hade varit missbrukare i ung. 20 år. Före 1975 använde han tung narkotika, t.ex. morfinbas, men efter 1975 så missbrukade han huvudsakligen alkohol och använde cannabis vid enstaka tillfällen.

Roberts brottshistorik är komplicerad och ganska svår att bedöma, men det finns incidenter som är värda att notera och som säger något om Roberts personlighet och framfart.

1976 övermannades Robert efter ett krogbråk och uttalade grova hot. Han skrek bland annat att han skulle skjuta vissa människor "med K-pist".

I slutet på sjuttiotalet försökte Robert stjäla kläder i centrala Stockholm, och han sprang på en äldre kvinna som slogs medvetslös och bröt nyckelbenet.

1979 försökte Robert och en kumpan råna en taxichaufför. Roberts kumpan tryckte en kniv mot chaufförens hals, men avväpnades snabbt. Rånförsöket verkar ha varit dåligt genomtänkt, och chauffören kände ingen större rädsla.

På sommaren 1984 befann sig Roberts i fritt fall. Han var nog oförmögen att utföra förvärvsarbete, och söp under hela våren 1984. Han greps i maj 1984, efter att han hade försökt stjäla kött från en matbutik. Skälet till stölden var kanske hunger. Robert åt dåligt när han söp, liksom många andra grava alkoholister.

Robert betedde sig oförutsägbart under många år, och 80-talet verkar ha varit särskilt rörigt. I november 1984 utreddes Robert för misshandel, efter att han hade slagit en okänd man i bröstet på Gärdets tunnelbanestation. Robert var stark, och offret sa att slaget kändes som "en hästspark". Denna korta incident inträffade ungefär samtidigt som polisen besökte Eugeniavägen 25 (och talade med "en storväxt man"), firman på Eugeniavägen 25 bommade igen för gott, och Teet Härm anhölls.

När misshandeln utreddes och polisen antecknade uppgifter om Roberts arbete uppgav han telefonnumret som gick till firman på Eugeniavägen, vilket är underligt, med tanke på att firman gick i konkurs i maj 1984, och enligt Vincent fanns det varken människor eller verksamhet i firmans lokaler 1984. Det telefonnummer som Robert uppgav användes på sommaren 1984. Telefonnumret fanns också i da Costas telefonbok, men det var felskrivet.

På sommaren 1985 misshandlade Robert och Monika två personer, och Monika knivskar offren i ansiktet. Antagligen var detta ett ogenomtänkt rån.

I slutet på 80-talet eskalerade Roberts våldsamhet, och han misshandlade Monika vid ett flertal tillfällen.

Robert fick med tiden ordning på sitt liv, och under 90-talet vårdade han missbrukare. Robert har nu flyttat från Stockholm och bor i södra Sverige.

## 30. Bilstöld: 84-06-05

Den 5/6 1984 stals en möbelbuss från flyttfirman Billiga Andersson, som låg på Eugeniavägen 25. Polisen utredde stölden noggrant, kontaktade Vincent (som var ansvarig för möbelbussen), förhörde flera vittnen, anhöll de skyldiga omgående och besökte Billiga Anderssons lokaler. Tack vare bilstölden har vi tillgång till information om två av Vin-cents bekanta och miljön på Eugeniavägen 25. Polisens anteckningar från juni är intressanta, och kunde ha varit viktiga för da Costa-utredningen.

På morgonen den 5/6 kom W*** A*** till sitt arbete på Eugenivägen 25. Han upptäckte att möbelbussen hade stulits, och att en plywoodskiva (den täckte ett fönster som inte hade reparerats efter ett inbrott) hade slagits in. Fönstret ledde till Billiga Anderssons kontor, där bilnycklar förvarades.

Enligt W*** A*** hade möbelbussen parkerats på flyttfirmans gård den 4/6 kl 18.00, varefter nycklarna till bussen och handtaget på höger sida togs ut, som vanligt. Nycklarna och handtaget lades sedan i en olåst skrivbordslåda i firmans kontor - skrivbordslådan låstes.

Efter samtalet med W*** A*** ringde polisen Vincent, som var delägare i firman på Eugeniavägen 25, tillsammans med bussens ägare, H*** A***, som var bortrest. Vincent berättade att bussen tidigare hade ägts av firman "Billiga Andersson", en firma som också varit förhyrare av kontoret och byggnaden som hyrs av firman "Arns Express".

Vincent upplystes om att två personer gripits i samband med att parkerade bilar påkörts av bussen, och han frågade polisen om någon av de gripna hette Martin. Vincent misstänkte Martin, eftersom en man vid namn Martin hade lovat att sätta igång med att reparera flyttbussen den 5/6, och bussen skulle inställas för kontrollbesiktning den 7/6 1984. Martin brukade hjälpa en man som hette P*** med reparation av bilar.

Vincent besökte polisen på eftermiddagen den 5/6, eftersom han var intresserad av att se på nycklarna som polisen omhändertagit då de grep de två personer som hade stulit bussen. Vincent saknade också nycklarna till en personbil som behövde användas. Vincent identifierade de tillvaratagna

nycklarna. Bland dessa nycklar fanns också nyckeln till flyttbussens tänd-
ningslås. Alla nycklar överlämnades till Vincent.

Vincent tillfrågades om Martin hade fått tillåtelse att framför bussen, och
Vincent svarade att Martin inte hade fått en sådan tillåtelse. Enligt Vincent
hade Martin inte heller något körkort.

På onsdagen den 6/6 klockan 12.45 besöktes flyttfirman av tre poliser. På
magasinslokalen fanns en stor skylt med texten *Billiga Andersson*.

När polisen talade med W*** A*** sa han att Robert (som var son till W***
A***) och Martin befann sig på firmans område på kvällen den 4/6, när
W*** A*** lämnade arbetet. Området var omgärdat av stängsel och en grind.
Robert och Martin hade suttit och supit på firmans område under efter-
middagen. W*** A*** var bekymrad för Robert. W*** A*** sa till polisen att
sonen var alkoholiserad, och att han borde "läggas in på torken".

W*** A*** sa att han hade lagt bussens nycklar, det högra handtaget och
huvudströmbrytaren i en olåst låda i skrivbordet inne på kontoret. Grinden
lämnades olåst när han lämnade firmans område vid halv åtta på kvällen.

K*** O*** (som hade reparerat flyttbussen inför en kontrollbesiktning) sa
att han varit på Eugeniavägen 25 på kvällen den 4/6, och han hade lämnat
platsen vid tiotiden på kvällen. Robert och Martin hade då suttit och supit.
K*** O*** hade lämnat området tillsammans med P***.

Robert och en man som kallades Masen brukade köra möbler åt firman, och
Martin brukade också hjälpa P*** med bilreparationer.

Masen fanns på Eugeniavägen 25 den 5/6, men Masen var "påverkad", och
enligt polisen gick det inte att föra något riktigt samtal med honom.

Robert och Martin hade anhållits på kvällen den 4/6, efter en farlig färd
genom Stockholms innerstad. Vittnen såg hur flyttbussen vinglade fram med
öppna bakdörrar som slog i flera parkerade bilar. Färden tog slut när flytt-
bussen krockade. Varken Robert eller Martin kunde ge en rationell förklar-
ing till stölden, och sa att det hela var en "fyllegrej". Robert och Martin var

påtagligt berusade när de anhölls. De hade supit tillsammans sedan senvåren 1984, och Robert hade supit konstant under hela våren 1984.

Miljön på Eugeniavägen 25 verkar ha varit odisciplinerad och kaotisk, och adressen frekventerades av flera alkoholister, bland annat Vincent själv, som också använde narkotika. Några av alkoholisterna var dessutom kriminella, vilket polisen kunde ha tagit med i beräkningen i augusti 1984, när da Costas kvarlevor hittades ett stenkast från Eugeniavägen 25. Avståndet från FP2 och Eugeniavägen 25 var knappast mer än 100 meter. Da Costas kvarlevor hittades nära Eugeniavägen 17. Att genomföra en husrannsakan på Eugeniavägen 25 borde inte ha varit svårt.

Och om en rak linje hade dragits mellan de båda fyndplatserna 1984 hade flyttfirman Billiga Andersson hamnat anmärkningsvärt nära linjen, men enligt myten låg Rättsläkarstationen i Solna låg mittemellan fyndplatserna.

Både Vincent och Robert var välkända av polisen 1984, vilket kunde ha haft betydelse för utredarna, och flera poliser borde väl ha kommit ihåg att det hade förekommit polisaktivitet på Eugeniavägen 25, bara två månader innan da Costas kvarlevor hittades vid Eugeniavägen 17. Det fanns många anledningar att undersöka Eugeniavägen 25. Vincent omgav sig med socialt belastade, kriminella personer, han anmäldes själv för olaga hot på våren 1984, och två kvinnor sa till polisen att de hade sålt sex till Vincent på Eugeniavägen 25 och på en parkering ungefär 500 meter därifrån.

Utredningen som gjordes på våren 1984 innehåller för övrigt flera intressanta och oroande påståenden om Vincent.

Det fanns mycket tillgänglig, färsk information om Vincent, Eugeniavägen 25 och flyttfirmans klientel när da Costa- utredningen startade, och det är märkligt att polisen lyckades förbise alla de intressanta möjligheter som presenterades tidigt i utredningen. Ingen av Vincents bekanta och anställda förhördes, arbetslokalerna undersöktes inte, bilparken undersöktes inte, och Vincents bostäder undersöktes inte, trots att han var mycket suspekt och envetet höll sig undan polisen.

Lojalitetsbanden på Eugeniavägen 25 kan för övrigt noteras. Som nämnts var W*** A*** far till Robert, och när Robert satt anhållen (efter bilstölden i början av juni) skickade hans bror och "Masen" in pengar åt honom (50 kr).

I mitten på 80-talet inventerade en advokatfirma Vincents affärsverksamhet, Han nämnde då flera personer som hade varit knutna till Billiga Andersson, men han gav bara tre personnummer. Av männen som brukade husera på Eugeniavägen 25 är det bara Vincent, Robert, Martin och P*** A*** som har kunnat kartläggas inför arbetet med denna bok. P*** A*** har arbetat som taxichaufför, och han förekommer också i polisutredningar från 90-talet. Det finns inga uppgifter om att P*** A*** var på Eugeniavägen 25 under 1984.

Ingen av männen som brukade husera på Eugeniavägen 25 har hört av sig till polisen angående da Costas död, och detta stämmer till viss eftertanke. Vincent, hans anställda och bekanta befann sig i fallets absoluta epicentrum, men ingen männen har lämnat något tips till polisen. På 80-talet strömmade det in tips till polisen, och fallet da Costa är ett av Sveriges mest exponerade fall, men från Eugeniavägen 25 hördes inte ett ljud. Vincent kände ju också da Costa, och enligt egen utsago umgicks de två i Stockholm, bland annat på restaurangen Röda rummet, som var välbesökt, så presumtiva vittnen och tipsare borde inte ha saknats. Och det är ganska anmärkningsvärt att ingen tipsade polisen om Vincents förehavanden medan han var efterspanad 1984.

Vincent var knappast en okänd figur. Han var utåtriktad, gick gärna på krogen, skötta affärer och figurerade också i media. Vincent hade svada, och använde ibland media för egna syften. Firman Billiga Andersson var också rikskänd, efter att den hade hånats i ett känt humorprogram på teve 1982.

I början på 90-talet intervjuades Vincent i en känd svensk herrtidning och talade om "hästmorden", som skedde 1990. Han argumenterade envetet för sin sak – han ansåg att han hade utsatts för ett justitiemord, och ett underligt eko hörs från fallet da Costa. Vincent anpassade sig lätt efter det forum han råkade befinna sig i, han kunde lägga orden rätt, och det finns ingen anledning att tro blint på vad han har sagt om da Costa och "hästmorden".

## 31. Hot och misshandel: 86-05-01

En av Vincents före detta anställda närvarade vid misshandeln av F*** (som jag kallar "Monika" på andra ställen i boken), som bodde i Vasastan på 80-talet. "Den misstänkte" var säkerligen Robert, och han var tillräckligt stark för att kunna lyfta F***, som var kort och magerlagd. Robert var 197 cm lång och bred över axlarna, och han var van vid kroppsarbete.

[...]

Den 1/5 1986 klockan 02.30 kallades polisen till F:s lägenhet, på grund av ett lägenhetsbråk. Grannarna hade larmat polisen.

I lägenheten fanns fem personer: F*** och fyra män. Ingen av de närvarande männen ingrep för att skydda F*** eller larma polisen.

F*** sa att den misstänkte hade slagit och sparkat henne och slagit sönder möbler i lägenheten. Hon hade blivit slagen och sparkad i ansiktet och på kroppen.

Vid ett tillfälle tog den misstänkte tag i F***, lyfte upp henne och gick fram till fönstret. Den misstänkte öppnade fönstret och lyfte ut F*** så att hon blev hängande med huvudet mot marken (två våningar upp). Hon skrek av skräck, och en granne ringde polisen. Den misstänkte sa under misshandeln att F*** skulle bli dödad om hon anmälde honom. Den misstänkte fortsatte med hotelser och skrek "Jag ska slå ihjäl dig!".

För att F** inte skulle kunna ringa polisen hade den misstänkte slagit sönder telefonen och dragit av sladden.

När polisen utfrågade F*** var hon skräckslagen och ville att den misstänkte skulle avvisas från lägenheten, och den misstänkte uppmanades att lämna lägenheten, och han blev väldigt aggressiv. Han skrek åt poliserna att "pumpa upp mycket adrenalin", för det skulle bli slagsmål. Den misstänkte försökte ta hjälp av sina vänner i lägenheten, men greps av polisen.

F*** var mycket rädd och darrade av skräck när hon pratade med polisen, och hon var rädd för att den misstänkte skulle återvända och slå ihjäl henne, och tydligen hade han flera gånger varit aggressiv och hotfull. F*** sa till polisen att hon inte vågade avslöja uppgifter om andra brott där den misstänkte hade varit mycket aktiv, och hon vågade inte heller stå för någon polisanmälan på grund av sin rädsla.

Polisen noterade skadegörelse i lägenheten. Sängen och annat var sönderslaget i sovrummet, och telefonsladden var bortsliten. F*** var svullen i huvudet efter sparkar, och hon hade märken på armarna.

[...]

## 32. Polisanmälan: misshandel 85-06-11

1985-06-11 kl. 19.40 beordrades jag, pa 24/1 C*** G***, och min kollega 17/1 C*** Å*** i rb 1160 till T*** 19 med anledning av bråk på gatan. På plats sammanträffade vi med A*** P***, adress se nedan, som omtalade följande:

Brottet

Vid 19.30-tiden gick hon genom Vasaparken. Hon kom fram till den del som leder ner mot en trappa som går till Torsgatan. Hon såg en man och en kvinna som låg och sov i gräset. De låg 10 meter ifrån varandra. Plötsligt ser hon en man som går fram till mannen i gräset och sparkar mot dennes mage eller underliv. Hon ser också en kvinna som sparkar på den liggande mannen.

De misshandlade personerna reser sig, och det blir tumult. F*** tar fram en liten kniv och knivskär de som rest sig, och de angripna jagas iväg. Vittnet springer iväg och ringar polisen, som är plats efter någon minut.

F*** och A*** grips. Ett av offren har blivit av med plånboken, innehållande 1000 kr. Offren hade skärskador i ansiktet.

[...]

## 33. Hot och misshandel (87-08-16)

En radiobil kallades till S***gatan i Vasastan, med anledning av ett lägenhetsbråk.

I lägenheten fanns F*** och en man. Lägenheten var mycket stökig, bar spår av hårt festande. Mannen hade tydligen fått för sig att han blivit bestulen på 200 kr, och hade blivit stökig.

Polisen noterade att kvinnan uppträdde avvikande, och när polisen eskorterat mannen ut berättade kvinnan att hon och mannen druckit tillsammans hela veckoslutet, och att mannen misshandlat henne konstant. Hon klagade upprepade gånger över smärtor i ena axeln och antydde flera gånger att hon hade ont i halsen efter kraftiga strypgrepp som han skulle ha kopplat på henne.

Poliserna upplyste upprepade gånger F*** om att det var viktigt att berätta precis vad som hänt, men detta ledde bara till att kvinnan blev nästan hysterisk i sitt uppträdande. Poliserna uppfattade hennes beteende som att hon var skräckslagen för mannen. Vid två tillfällen uttryckte kvinnan också stark rädsla, och sa "Han kommer att döda mig". Kvinnan avböjde skräckslaget polisernas påtryckningar, uppmaningar att göra en polisanmälan.

[...]

## 34. Falsk tillgivelse och ofredande (88-03-15)

På eftermiddagen kallades polisen till S\*\*\*gatan i Vasastan på grund av en påstådd knarkaffär, ett tips. När polisen väntat utanför dörren i ca 20 minuter öppnades dörren av en man, och strax dök F\*\*\* upp. Polisen visar ID och ber att få tala med F\*\*\* som utbrister: "Detta är väl hans verk förstås".

När polisen frågar vem "han" är så säger F\*\*\* att hennes före detta man eller pjkvän ringt till henne och sagt: "Polisen kommer att titta in hos dig mycket ofta". Liknande samtal hade F\*\*\* fått med jämna mellanrum sedan en tid tillbaka, och han hade uttryckt sig nedlåtande om F\*\*\* och även om personer hon kände, och mannen hade också ringt på, stört grannarna. F\*\*\* sa också att hon var rädd för mannen och att hon inte ville göra någon polisanmälan. Samtalen hade hon spelat in på band.

Polisen hittade inga tecken på att någon knarkaffär skulle ha ägt rum.

## 35. Spaningsuppslag: utdrag (84-10-17)

Datum 841017 klockan 1200
Brott med vilket uppslaget här samman: Mord, da costa
Uppgiftslämnare: B\*\*\*, M\*\*\* M\*\*\*

[...]

Händelse (kort rubricering tex iakttagelse av person, fordon, gods skottlossning, etc med angivande av tid och plats) Varit tillsammans med en man (V\*\*\*) på en flyttfirma på Eugeniavägen troligtvis under våren 83. Samme man är noterad i Catrine da Costas almanacka.

[...]

B\*\*\* är hörd 84 10 17 i samband med krinsp G\*\*\*:s besök på behandlingshemmet i Vallmotorp, Katrineholm.

B\*\*\* berättar inledningsvis att hon känt Catrine flyktigt sedan 1979. Det hon kommer ihåg mest beträffande Catrine var hennes resor då och då ner till mannen i Portugal och hennes ständiga återfall vid återkomsten till Sverige. Hon vet att Catrine "dealade" heroin i februari-mars -84. M\*\*\* såg Catrine sista gången någon gång i mars nere i city. Hon har själv varit borta på behandlingshem sedan 3/4.

[...]

På frågan huruvida B\*\*\* varit tillsammans med någon kund i området kring Eugeniavägen berättar hon följande:

En kväll, troligtvis på våren -83, var hon tillsammans med en kund på flyttfirman BILLIGA ANDERSSON på Eugeniavägen. B\*\*\* har varit tillsammans med samma kund vid flera tillfällen men endast en gång på nämnda firma. De hade samlag på en säng inne på flyttfirman och B\*\*\* kommer inte ihåg något speciellt ang samlaget och tycker rent allmänt att kunden har uppträtt "högst normalt" vid alla tillfällen. Han har haft flera personbilar av okänt fabrikat vid deras möten. Hon vet att han jobbar på flyttfirman men känner inte till huruvida han är ägare eller delägare till firman. Han har tidigare bott på Heleneborgsgatan och då låg firman i närheten. Numera bor han någonstans i Svedmyra. (Berg tittar i sina anteckningar under förhöret och får fram namnet V***). Hon beskriver "V***".: ca 35 år, ca 170 cm, kraftig "tyngdlyftartyp". Han brukar besöka Café Opera enligt B***.

# 36. Martin

Det finns tyvärr få uppgifter om Martin, men han är intressant av flera skäl, liksom Monika, Robert och Vincent. Martin befann sig på Eugeniavägen 25 i juni 1984, han var alkoholiserad och stal Vincents flyttbuss tillsammans med Robert i början av juni 1984. Martins funktion på Eugeniavägen är oklar. Enligt polisens anteckningar hjälpte han till med bilreparationer på flyttfirmans gård, men det finns inga uppgifter om att han var anställd.

Liksom Vincent hade Martin norrländska rötter. Han var skriven i Gällivare på 80-talet. Martin bosatte sig i Stockholm 1980, men besökte ofta Gällivare.

Martins brottslighet var antagligen inte särskilt sofistikerad, men han är intressant som exempel. Martin är ett exempel på den sortens person som uppehöll sig på Eugeniavägen 25 i juni 1984. Det verkar som om Vincents förslummade flyttfirma bara attraherade människor med sociala problem, och liksom Vincent och Robert var Martin kriminell.

Jag har bara hittat två kriminella incidenter som involverar Martin, men de säger ändå något om hans livsföring.

I december 1982 misstänktes Martin för stöld av ett kassaskåp. Kassaskåpet stals från en lägenhet i Malmberget i Gällivare. Kassaskåpet innehöll 166 000 kronor och diverse handlingar.

I december 1986 kallades polisen till en lägenhet i Bandhagen i Stockholm, på grund av ett pågående inbrott. I lägenheten hittade polisen Martin och E\*\*\* P\*\*\*, som uppgav att de hade blivit misshandlade med träpåkar.

Enligt Martin och E\*\*\* P\*\*\* hade misshandeln skett av privata skäl, och de ville inte göra någon polisanmälan. Båda uppgav dock att de kände igen minst en av personerna som utfört misshandeln. Martin och E\*\*\* P\*\*\* ville inte nämna några namn. Robert och E\*\*\* P\*\*\* ville ha sjukhusvård, för misshandeln var kraftig, och E\*\*\* P\*\*\* misstänkte att hans arm var avslagen.

Lägenhetsinnehavaren dök upp efter en stund. Han sa att han hade jagat iväg inbrottstjuvarna och att han hade blivit illa slagen slag med träpåkar.

Uppgifterna om Martin är knapphändiga, men vissa saker i hans liv kan noteras, och Martin har en liten men viktig plats i det utredningspussel som jag försöker lägga.

Martin är typisk för de sortens personer som fanns runt Vincent 1984. Martin var omdömeslös och socialt belastad, och han, Robert, Vincent och Monika liknar faktiskt varandra. Alla dessa personer hade långvariga missbruksproblem, de förekom i polisutredningar, de var i kontakt med våld (antingen som offer eller som våldsutövare), och de var knutna till två utpräglade riskmiljöer (firman Billiga Andersson och Monikas lägenhet i Vasastan) i närheten av de båda fyndplatserna.

Och personkopplingar fanns uppenbarligen. Dessa borde ha varit värda att undersöka på 80-talet. Vincent kände både da Costa, Robert och Martin, och Robert kände Monika.

Det kan också noteras att Martin misshandlades ordentligt samma år som Monika, ungefär ett halvår efter att Monika hade misshandlats av en man som hade varit anställd på Eugeniavägen 25. På våren 1986 blev Monika svårt misshandlad i sitt hem. Mannen som misshandlade henne var antagligen Robert. Monika blev bland annat släpad till ett fönster, och hängdes ut, med huvudet mot marken.

Att Vincent, Robert, Martin och Monika var grava alkoholister kunde ha haft betydelse för utredningen. Vincent, Robert och Monika var dessutom blandmissbrukare. Detaljerna kring Vincents missbruk är inte kända, men vi vet att Robert använde cannabis att och Monika missbrukade tabletter.

Alkohol och våldsbrott hänger som bekant samman, och efter långvarigt alkoholmissbruk uppstår personlighetsförändringar som kan vara grava. I sämsta fall försvinner empatin, hjärnskador uppstår, alkoholisten drabbas av omfattande minnesluckor (flera dygn kan försvinna) och impulskontrollen tappas, och om alkoholisten drabbas av delirium tremens ("fylledille") är tillståndet skräckfyllt och närmast psykotiskt.

Att Monika blev kraftigt personlighetsförändrad och farlig när hon drack är uppenbart (se vidare kapitel 40), Robert sa till polisen att han söp under hela våren 1984, Vincent har sagt i förhör att han fick kraftiga minnesluckor när han drack, och Martin (som stal möbelbussen tillsammans med Robert) söp under långa perioder, men inte så länge som Robert.

Att dessa omdömeslösa riskpersoner var nära fyndplatserna 1984 är självklart intressant. Att Monika var i sin lägenhet i Vasastan på sommaren 1984 är troligt, och att Vincent, Robert och Martin var på Eugeniavägen i juni vet vi.

Vad som hände med dessa personer direkt efter sommaren 1984 vet vi tyvärr mycket lite om. Vincent höll sig envetet undan från polisen, Monika var intagen på Beckomberga, och Robert förhördes av polisen i november 1984, efter att han hade misshandlat en okänd man i tunnelbanan.

Martins förehavanden direkt efter sommaren 1984 är helt okända.

## 37. Två fordon och en släpvagn

I september 1985 inventerade en advokatfirma Billiga Anderssons tillgångar. Advokatfirman noterade tio fordon och en släpvagn. Vincents påståenden om två av fordonen och släpvagnen är intressanta. Jag citerar här utdrag ur advokatfirmans förteckning.

BYS 573 Lb Volvo F-70. Registrerad på Billiga Andersson & Ekman från 1980-06-25. Förvärvad av V*** från Billiga Andersson Express AB:s konkursbo genom avtal 1982-08-24. Enligt Vinof skrotad sommaren 1984.

CJM 034 Lb Ford. Registrerad på Billiga Andersson & Ekman från 1980-11-24 till 1982-06-09, då den omregistrerades på Billiga Andersson Express AB. Förvärvad av V*** från Billiga Andersson Express AB:s konkursbo genom avtal 1982-08-24. Enligt Vinof var bilen avställd sedan hösten 1980 och skrotades i oktober 1984.

APN 417 Släp ASJ-Fruehauf. Registrerad på Billiga Andersson Express AB fram till 1984-10-19. Avbetalningsköp som återtagits av säljaren, H*** M*** AB, via D***:s bil AB i Bjärtrå och därefter sålts vidare.

Att skrota bilarna borde inte ha varit komplicerat för Vincent. Det fanns en en bilskrot på Eugeniavägen. Bilskroten hette Ainas Bilskrot.

Tidpunkterna som Vincent angav ska noteras. Oktober var månaden när polisen började spana på Vincent, och på sommaren 1984 dog och styckades da Costa. Dessa påstådda bilskrotningar kan enkelt föras samman med en mängd suspekta omständigheter som fanns runt Vincent, hans arbetsplats och hans umgänge, och det fanns all anledning att förhöra honom och genomföra en husrannsakan på Eugeniavägen 25, särskilt eftersom Vincent medvetet höll sig undan polisen.

## 38. Förhör med Vincent: utdrag (85-02-06)

Protokoll vid förhör med V*** O*** född 40***
Bor Box 38, 330 17 R***. Tel: ***
alt. A*** 12, c/o S***, Enskede, ej telefon
O*** innehar för närvarande ingen anställning.
Förhöret hållet onsdagen den 6 febr.
1985 på kriminalavdelningens våldsrotel
med början kl 16.00 inför krinsp L***
J*** utan tillgång till förhörsvittne


F = Förhörsledare
V - Vincent


F: Vincent du har innan vi satt på bandspelaren underrättats om anledning till det här förhöret. Att det avser dina förehavanden, din vistelse på Malsmkillnadsgatan och kontakt med en prostituerad som heter Catrin da Costa. Vincent kan du berätta när du lärde känna den här flickan Catrin?

V: Jag tror det var ett par år sedan som vi började pratas vid. Men jag har aldrig varit ihop med henne sexuellt. Men vi skojade och kramade om varandra. Ett stående skämt var att när hon hade slutat med narkotika så skulle vi vara tillsammans sexuellt. Och den här aktuella händelsen som ...... på Röda rummet [en känd kroglokal i Sthlm, min anm.] hände nån gång under vintern i fjol och föregicks av att vi blev avhysta från ...

V: Ja, under vilka omständigheter träffade du Catrin. Du träffade henne för några år sedan säger du?

V: För ett par år sedan. Jag började heja och prata med henne där uppe på Malmskillnadsgatan.

F: Ja. Jag visar här ett fotografi på henne, känner du igen henne på det?

V: Ja.

[...]

F: Nej. Jag har för tillfället ingen ytterligare fråga. Vill du säga något mera?

(Bandet slut)

Förhöret avslutas.

Stockholm 6 februari 1985

L\*\*\* J\*\*\*

Krinsp

[...]

Klamrarna markerar svart område, text som har sekretessbelagts av polisen.

*Detta extremt slarviga förhör är väldigt anmärkningsvärt, med tanke på Vincents suspekta beteende efter da Costas död, polisens långvariga letande efter honom, hans avvikande personlighet, hans långvariga kriminalitet, hans sexköpande (på Eugeniavägen 25 och 500 meter därifrån, enligt två vittnen) och det utvecklade umgänget med da Costa.*

*Detta är alltså polisens centrala spaningsobjekt, som man hade sökt efter i flera månader, och när han äntligen förhörs får han inte ens tala till punkt. Lägg märke till hur förhörsledaren avbryter Vincent mitt i en intressant historia, och förhöret kan knappast ha tagit mer än ett par minuter, och tydligen hann förhörsledaren och Vincent börja prata innan bandspelaren sattes på. Frågan är om polisen ens ville förhöra Vincent ordentligt.*

*Att Vincents kontakt med da Costa var utvecklad är uppenbart, och även om Vincent inte visste något om da Costas död så borde han kunna bidra med till utredningen och berätta om da Costas liv och hennes bekanta, men polisens slarvade bort tillfället. I februari 1985 hade man gripit fel person, utredningen hade havererat, och Vincent dök också upp lägligt, ungefär tre månader efter att Teet Härm anhölls. Det var antagligen ingen slump.*

## 39. Fyra citat: Vincent/1985

Kort efter da Costas död misstänktes Vincent för ekonomisk brottslighet och satt i långa och röriga förhör. Vincent gjorde sitt bästa för att blanda bort korten. Förhören är tålamodsprövande läsning, fulla med svammel och villospår, men i ordmassorna finns några fragment som kan ha betydelse för fallet da Costa.

Jag citerar här Vincent, som förhördes 1985.

[...]

V: men herregud. det var ju ingen verksamhet -84. det fanns ju inte en bil. det fanns ju ingenting.

F: Nej men bolaget levde

V: Det levde, ja. men eftersom det inte fanns något folk där i lokalen, så nådde dom inte med delgivningen och jag satt i parker och söp och i konstiga lägenheter.

[...]

Det var någon gång i juli månad 1980, det var första gången jag blev nerslagen utav en som heter Lasse J***, som sedermera Blev hängd utav några kriminella kollegor, och en som hette P-O, försöksutskriven från Karsuddens sjukhus, så då såg kontoret ut som ett slakthus och det var grannarna som ringde, och då skulle dom försöka ta orderboken och så försökte dom skrämma mig till att sälja. Och då var dom ombud för P*** och F***, för det var ju hans distrikt och hans revir som jag i första hand hade tagit.

[...]

Nej, jag berättade ju det, att den här knarkaren nu som poliserna här är åtalade för, han stal den ena bussen redan 1982 och kvaddade, rullade den nerför slänten mot Västbergapolisen.

[...]

Men herregud, det fanns ju inga bilar. Det var ju en dimma. Den stora bussen den stals och kvaddades i juni -82, sen fanns det en 69:a CHG 066 disponibel några månader och sen gick den iväg. Vad ska man då göra? Jo, man får hyra in lite bilar från Kungsholmen och så där och ...

Detta är anmärkningsvärda citat, av flera anledningar. Vincent ljuger, och han ljuger djärvt. Bara ett år innan förhöret förekom Vincents flyttfirma i tre separata polisutredningar, och enligt utredningarna (gjorda på våren, sommaren och hösten 1984) fanns det både bilar, fungerande telefon och ett flertal personer på Eugeniavägen 25 under 1984. Och så sent som i oktober 1984 talade polisen med en "storväxt man" på E-vägen 25. Telefonen stängdes inte av förrän i november 1984. November råkar för övrigt vara den månad när Teet Härm anhölls.

Vincent angav också Eugeniavägen 25 som sin adress fyra gånger (hela tre gånger under 1984). En uppmärksam utredare hade lätt kunnat granska Vincents kriminella historik och beslå honom med lögn 1985. Och det är rimligt att anta att Vincent hade speciella skäl att mörklägga verksamheten på Eugeniavägen 25.

Inga polisdokument bekräftar att Vincent skulle ha blivit misshandlad i juli 1980. Vincent etablerade sig på Eugeniavägen 1982, och hans firma har haft kontor på Heleneborgsgatan, Karlbergsvägen 66 och Eugeniavägen 25. Om en misshandel skedde på Vincents kontor borde en polisanmälan ha skötts av Västerortspolisen eller Solnapolisen, men varken Västerortspolisen eller Solnapolisen har tagit emot en anmälan från Vincent på sommaren 1980.

Det verkar som om Vincent ljög, men det är svårt att förstå hans motiv. Att Vincent levde ett våldsamt och kaotiskt liv behöver ingen betvivla, men historien om misshandeln är märkligt spektakulär, och Vincent ordval är oroande, med tanke på att da Costas kvarlevor hittades ett stenkast från hans kontor på Eugeniavägen. Han sa att kontoret såg ut som ett slakthus. Och det är såklart möjligt att Vincent medvetet försköt tidpunkten för en viss händelse och blandade ihop fakta och fantasier, som den vana lögnare och brottsling han var.

L*** J*** och P-O har jag inte kunnat identifiera. Ingenstans i Vincents polisutredningar finns uppgifter om dessa två män, och frågan är om de ens har existerat utanför Vincents fantasi. Däremot så var en man med dubbelnamn närvarande när Roberts vän Monika misshandlades 1986. Mannen hette J-Å. Dubbelnamn är inte vanliga, och kanske förväxlade Vincent två namn, men jag gissar bara. Denne J-Å:s yrkesliv, hans kontakt med Monika och hans eventuella brottslighet återstår att kartlägga.

Vincent påstod också att en "P-O" var försöksutskriven från Karsudden, och detta är lite intressant, för Monika (som hade långvariga psykiska problem) skaffade vänner på Beckomberga, vilket framgår av polisdokument från hösten 1984. Om Monika umgicks med psykiatripatienter privat kan ju Vincent ha förväxlat personuppgifter eller bara fått för sig att en bekant till Monika hade varit inlagd på Karsudden. Vincents förhör är gåtfulla ibland.

Påståendet om bilstölden är däremot enkelt att bedöma. Vi vet att Vincents möbelbuss stals i juni 1984, och Vincent förskjuter tidpunkten för stölden. Det verkar som om han vill dra uppmärksamhet från Eugeniavägen, och i så fall har han kalla nerver. "Knarkaren" som åsyftas är antagligen Robert.

Enligt polisens protokoll från 1984 fanns det flera fordon på Eugeniavägen 25, och en advokatfirma gjorde också en förteckning över fordon som Vincent hade använt i sin verksamhet (se föregående kapitel). De fordon som polisen noterade på sommaren 1984 var i dåligt skick, och Vincent har också själv kommenterat sin undermåliga bilpark i förhöret från 1985.

Det är ganska osannolikt att ekonomiska motiv motiverade Vincents lögn om fordonen (han påstod att inga fordon fanns 1984). Vincents fordon var säkerligen inte värda några större summor, och det var ingen hemlighet att Vincents liv befann sig i fritt fall i mitten på 80-talet. Han talade antagligen sanning när han beskrev den undermåliga bilparken. Och Vincent mörklade nog fordonens existens för att han ville dra uppmärksamheten från Eugeniavägen. Flykten från polisen behövde nog kompletteras, så Vincent valde väl helt enkelt att förneka den verksamhet som fanns på Eugeniavägen under viss kritisk period.

Vincent har sagt flera udda saker i förhör, och 1985 nämnde han också en plötslig uppfräschning av fordonen. Enligt Vincent inredde han sina fordon med heltäckningsmattor och skåp för blommor. Han sa att han försökte göra "något mysigt", och han ville bli av med "fyllgubbarna". Den som är konspiratoriskt lagd och känner till Vincents urartade livsföring på 80-talet kan fråga sig varför Vincent plötsligt blev så mån om flyttfirmans fasad. Det finns som vanligt anledning att misstänka dolda motiv. Med tanke på Vincents ytterst suspekta plats i utredningen är allt möjligt, men ingenting kan såklart bevisas.

Vi kan i alla fall konstatera att Vincents verksamhet bekräftar alla fördomar om flyttbranschen, som ofta har dragits med dåligt rykte, och inte utan anledning. Tiderna har väl förändrats, och arbetslivets krav har ökat, men på 80-talet var flyttbranschen ofta oseriös. Det förekom mycket svartarbete, det dracks mycket alkohol, och erfarenhet och utbildning behövdes sällan. Flyttbranschen drog till sig många personer med sociala problem, och anställda tilläts arbeta berusade och narkotikapåverkade.

## 40. Monika

*Monika är synonym med "F\*\*\*", den misshandlade, trakasserade, alkoholiserade*
*kvinna som förekommer i polistexter som citeras i andra kapitel i boken.*

Monika hade en utvecklad och problematisk kontakt med Robert, och hon
är intressant av flera anledningar. Monika bodde nära fyndplatserna 1984,
hon var psykiskt skör, hade ett aktivt missbruk, var våldsam och umgicks
med våldsamma och kaotiska missbrukare. Monikas trerummare i Vasastan
besöktes av polisen vid ett flertal tillfällen under 80-talet och beskrevs som
en "knarkarkvart" i polisens protokoll.

Monika föddes 1945 och arbetade som telefonist, men hon var sjukskriven
under 70-talet och 80-talet, på grund av ryggproblem. Monika hade också
djupa personliga problem. Hon missbrukade alkohol och tabletter, och hon
var kriminellt belastad. Monika vårdades på Beckomberga mentalsjukhus på
våren 1984 och på hösten 1984. Hon förekom i ett flertal polisutredningar.

Monika bodde i Vasastan i flera år. Hennes lägenhet låg två kilometer från
FP1 (fågelvägen) och bara 750 meter från FP2 (fågelvägen). Lägenheten låg på
andra våningen, inne på gården. Lägenhetens klientel var extremt stökigt.
Polisen besökte Monika på grund av trakasserier, hot, skadegörelse, en
knivskärning och flera fall av misshandel. Ofta var Monika så påverkad och
rädd att hon inte kunde föra ett strukturerat samtal med polisen.

Monika var depressiv, labil, suicidal och impulsiv. Ibland bad hon bekanta
att vaka över henne, eftersom hon var rädd för att hon skulle tappa kontrol-
len och kasta sig ut genom fönstret.

Monika var en liten kvinna, och gav antagligen inte ett farligt intryck. Hon
var 158 cm lång och vägde 43 kg, enligt dokument från 1982. Hon var dock
farlig, vilket framgår av polisens utredningar från 80-talet.. Monika drab-
bades ibland av akuta förvirringstillstånd, hon tappade omdömet helt och
knivskar människor vid tre tillfällen. I början på 80-talet punkterade Monika
en mans lunga, och hon skar en annan man djupt i armen. Båda offren
hämtades med ambulans. På sommaren 1985 utreddes Monika och Robert
efter en misshandel i en park. Enligt vittnen hade Monika knivskurit två
personer i ansiktet.

I november 1982 kallades Monika till en rättspsykiatrisk undersökning. Hon
vägrade att infinna sig, och blev polishandräckt. Detta innebar att en läkare

utfärdade ett intyg som gav polisen rätt att hämta Monika till undersökningen. Resultatet av undersökningen är okänt för oss, eftersom patientuppgifter skyddas av sekretess, men det är uppenbart att Monika var en fara för andra och att hon var totalt omdömeslös.

I september 1988 ringde Monika polisen och sa att Robert hade hotat henne, och hon hade också anmält honom tidigare, men när det blev rättegång ville hon inte vittna. Monika var påverkad vid anmälningstillfället, och ville inte precisera vilka hot hon hade utsatts för. Hon sa också att hon inte ville vittna vid en eventuell rättegång. Enligt polisens anteckningar var Monika rädd för Robert.

Monika utsattes för upprepade trakasserier i slutet på 80-talet. Enligt Monika blev hon uppringd under dygnets alla timmar. Polisen besökte henne vid flera tillfällen, på grund av trakasserierna. Enligt Monika hade någon påstått att hon försökte ta sitt liv, vilket hon förnekade. Vid ett annat tillfälle besökte polisen Monikas lägenhet efter ett falskt tips. Någon hade påstått att en narkotikaaffär skulle genomföras i Monikas lägenhet.

Monika och Roberts bekantskap var komplicerad och våldsam. De drack ibland i Monikas lägenhet, och samvaron urartade. Våldsamma scener utspelades, möbler slogs sönder, och det är oklart om bara Monika utsattes för våld eller om Robert försvarade sig mot Monika, men Monika uppvisade i alla fall flera skador, vilka noterades av polisen.

I augusti 1987 besökte polisen Monika på grund av ett lägenhetsbråk, och fann henne och en manlig bekant i lägenheten. Mannen var antagligen Robert. Monika antydde att hon hade ont efter kraftiga strypgrepp som mannen hade tagit på henne. Poliserna upplevde Monikas uppträdande som underligt, och enligt polisen blev Monika nästan hysterisk när hon ombads att berätta vad som hänt. Hon sa att hon var rädd för mannen, och att hon fruktade för sitt liv.

I oktober 1987 talade polisen åter med Monika och en manlig bekant, antagligen Robert. Monika sa att hon hade blivit kastad mot en bokhylla av glas, och hyllan gick då sönder. Monika hade även skadats av en spegel, och i mannens jackficka hittades en glasbit. Monika sa att hon skurits i halsen med glasbiten. När polisen började tala om sjukhusvård började Monika gråta och sa att hon var rädd. Monika skjutsades till sjukhus.

Monika sa upprepade gånger att hon inte hade sagt någonting, att mannen inte skulle få veta, och att hon inte vågade säga någonting. Hon ville inte göra någon anmälan, och ville inte heller att mannen skulle få veta att hon hade varit på sjukhus.

I september 1987 hade samme man (antagligen Robert) stulit Monikas lägenhetsnyckel. Polisen kontaktade socialjouren, som hjälpte henne att byta lås.

Det är intressant att notera perioden när Monika blev misshandlad, hotad och trakasserad. Monika var utsatt för hot och våld mellan 1986 och 1987, och sedan blev hon trakasserad på olika sätt, men efter 1988 verkar det som om hon fick vara ifred. Polisen har inte noterat några obehagliga incidenter efter 1988.

1988 var också året då Teet Härm och Thomas Allgén ställdes inför rätta och blev kända för allmänheten som Obducenten och Allmänläkaren. Och det finns också ett annat löst sammanträffande – byggnaderna på Eugeniavägen revs på sommaren och hösten 1987. Om det fanns oupptäckta spår efter da Costa på Eugeniavägen så var de definitivt utplånade efter 1987.

År 1984 förekom Monika i en bedrägeriutredning. Detaljerna är oklara, men två av Monikas bekanta försökte tydligen förfalska en fullmakt och ta ut pengar i Monikas namn. De misstänkta anhölls omgående. Monika förhördes i oktober 1984. I förhöret sa hon att hon vårdades på Beckomberga sjukhus, på grund av sitt omfattande alkoholmissbruk.

Enligt Monika hade hon låtit en av de misstänka bedragarna hämta ut 1000 kronor för hennes räkning, och detta skulle ha skett i slutet av september 1984. Det rörde sig om ett lån.

Tidpunkterna för bedrägeriutredningen och Monikas sjukhusvistelser (på våren och hösten 1984) kan vara av intresse. Monika blev nog inlagd på Beckomberga kort efter da Costas död (den ekonomiska transaktionen skedde nog inte medan Monika var på Beckomberga), och hon var antagligen i sin lägenhet på sommaren 1984. Monika förhördes nämligen i mars 1984, eftersom hon hade knivskurit en bekant i oktober 1983 (en händelse som jag tog upp i början av detta kapitel). Enligt polisens anteckningar (gjorda i mars 1984) förväntades Monika vara kvar på Beckomberga i ungefär 14 dagar.

De knivskärningar som skedde i början på 80-talet är intressanta och mycket oroväckande. Dessa knivskärningar säger mycket om Monikas personlighet.

I april 1982 besökte polisen Monikas lägenhet på grund av ett knivslagsmål. En granne till Monika visade vägen till hennes lägenhet.

I hallen påträffade polisen en skadad man (M*** M***) och T*** C***, som var läkare. M*** M*** hade fått förband. Han hade stuckits i vänster sida, strax nedanför armhålan.

Monika påträffades i sovrummet. Hon var märkbart berusad. Hon erkände på plats att hon stuckit mannen i sidan med en kniv.

Det fanns blodfläckar i sovrummet, i hallen, i köket, i trapphuset och inne på toaletten. En kniv hittades i handfatet inne på toaletten.

Det låg också en kniv på en hylla i hallen. När T*** C*** hjälpte M*** M*** (som låg på hallgolvet) tog Monika kniven från hyllan, och hon försökte attackera M*** M*** igen, men avväpnades.

Direkt efter knivskärningen hade en granne uppmärksammat Monika när hon irrade runt i trapphuset, och hon sa att hon letade efter sin katt. Flera av grannarna hade dessutom hört ljudet av slagsmål. Monika kunde inte klart redogöra för händelseförloppet, och hon hade både druckit alkohol och tagit tabletter. Tablettsort och kvantitet kunde hon inte redogöra för.

I oktober 1983 var M*** M*** och Monika återigen i kontakt med polisen, men nu hade Monika hade knivskurit en annan manlig bekant (K*** S***). Polisen talade med Monika, M*** M*** och K*** S*** i dennes lägenhet i Bromma.

K*** S*** hade tre djupa jack i höger underarm, och blodet pulserade ur ett av såren. K*** S*** sa att Monika skurit honom, men han ville inte ge polisen några detaljer.

Sammanfattningsvis kan vi säga att Monikas lägenhet, hennes personlighet, hennes farliga umgänge och hennes tidslinje är av stort intresse, och tillsammans med Robert och Vincent är hon en av de personer som polisen borde ha intresserat sig för på hösten 1984.

Monika avled 2010.

# 41. Förrutnelse/asätare/scenarioändring

Polisens ursprungliga tidsschema omges av frågetecken, som mycket annat. Det är osannolikt att da Costas kvarlevor lämnades färska och låg på marken i fem veckor respektive två månader, om man nu förutsätter att kroppen styckades i början av juni. Förruttnelseprocessen fördröjdes kanske, eftersom kvarlevorna låg i plastsäckar, och sommaren 1984 var ovan-igt kall, men det finns många faktorer att ta hänsyn till.

Om kroppsdelarna lämnades färska så skulle de troligen ha attackerats av de asätare som finns i Stockholm, alltså kajor, skator, kråkor och råttor, och grävlingar, och man kan fråga sig varför säckarna inte förstördes, varför de inte hackades och bets sönder, varför de inte släpades bort av allehanda djur.

Området runt Ekelundsvägen var för övrigt populärt bland hundägare, och vi ska återkomma till detta och en viss hundägare.

Asätare är ett välkänt fenomen i Stockholm, och det är svårt att ha mat ifred utomhus. Det hjälper inte att maten skyddas av en plastpåse, och pappers-korgarna besöks av råttor och fåglar som drar runt innehållet och sprider ut det på marken. Och i detta fall skulle det alltså ha varit färsk föda, för att ut-trycka det krasst, som lämnades i tunna plastsäckar, direkt på marken, men som mirakulöst skonades från asätare i flera veckor. Detta verkar orimligt.

Att det fanns råttor på den förslummade Eueginavägen behöver ingen tvivla på. Råttor dras till matrester och människor. På Eugeniavägen fanns flera bo-städer och en restaurang, och det fanns också firmor som hanterade papper, ett tryckeri och ett wellpapplager. Råttor är mycket förtjusta i papper.

Naturområdet vid Ekelundsvägen borde ha varit en utmärkt hemvist för as-ätare, inklusive rävar och grävlingar. Grävlingar är starka djur som har ut-märkt luktsinne. Om färska kroppsdelar lämnades vid Ekelundsvägen i mit-ten av juni borde de ha angripits av grävlingar och släpats bort. Vid Ekelundsvägen borde det dessutom ha funnits råttor. Området var välbesökt, och där fanns ett café, bostäder, en idrottsanläggning, militärbaracker, en fotbollsplan och en båthamn.

Att asätarna inte har nämnts av polisen eller den rättsmedicinska expertisen är underligt. Det finns inte en enda notering om att råttor har gjort åverkan på säckarna och kvarlevorna. Råttor har utmärkt luktsinne, de äter både färskt och ruttet kött, och de kan till och med hitta nergrävda lik, men på sommaren 1984 lyckades de inte hitta och angripa da Costas kvarlevor, inte ens när dessa låg utomhus, på bara marken, i säckar som bara hade tillslutits med enkelknutar och säckarna borde ha blåsts upp av gaser och spridit lukt omkring sig.

Asätarnas eventuella plats i utredningen är intressant men helt outredd, och förruttnelseprocessen är också intressant men helt outredd. Och att döma av kvarlevornas skick så avled da Costa betydligt senare än man trott. Det fanns faktiskt ingenting hos kvarlevorna som initialt tydde på att da Costa hade avlidit och styckats i början av juni. Om kvarlevorna hade lämnats vid Ekelundsvägen och på Eugeniavägen i början av juni hade fluglarver, insekter, råttor och andra djur antagligen hunnit förstöra dem innan säckarna hittades.

Kvarlevorna som hittades på Eugeniavägen är särskilt anmärkningsvärda. Man antog att de hade legat ungefär två månader veckor på marken, och under den tiden borde mjukdelarna ha varit nästan förintade, och det är svårt att tänka sig att det sårbara avskurna bröstet skulle ha förblivit intakt i mer än ett par veckor. Att ingen reflekterat över allt detta är underligt, som så mycket annat i denna sorgliga historia, och det finns fler underliga omständigheter runt fyndplatserna och polisens tidslinje.

I samtliga säckar fanns fluglarver. I säckarna som hittades på Eugeniavägen hittades både larver och utvecklade flugor, och det verkar som som säckarna på Eugenivägen lämnades senare än säckarna vid Ekelundsvägen, eftersom larverna hann utvecklas till flugor, men det skilde nästan tre veckor mellan fynden. Om alla säckar lämnades samtidigt (i juni) borde larverna ha försvunnit från kvarlevorna på Eugeniavägen. Det är också underligt att alla kvarlevor var i ungefär samma förruttnelsestadium när de hittades, trots att fynden gjordes med nästan tre veckors mellanrum.

Flugor lägger ägg i ett lik direkt efter döden, och larverna har en bestämd livscykel. Efter ett par veckor har både larverna och flugorna ingen användning för liket längre. Flugorna slutar lägg ägg, och larverna har utvec-klats till färdiga flugor. Detta är ganska elementära fakta, som även en medicinskt oskolad person kan sätta sig in i, och det går att dra en enkel slut-sats. Kvarlevorna som hittades på Eugeniavägen passar inte in i det tids-schema som vi har vant oss vid. Om säckarna på Eugeniavägen lämnades samtidigt som säckarna vid Ekelundsvägen (i juni) borde det antagligen inte ha funnits några fluglarver i dem. Det är väldigt svårt att tänka sig att flugor skulle ha varit intresserade av kvarlevorna i två månader, och kvarlevorna som hittades vid Ekelundsvägen är också problematiska ur tidssynpunkt. Den populära uppfattningen är att de låg på marken i en månad, men under den tiden borde flugorna flugorna ha fullbordat sin äggläggning och larverna borde nog ha hunnit utvecklas till färdiga flugor.

Det verkar faktiskt som om kvarlevorna lämnades vid två olika tillfällen - de var ju i ungefär samma förruttnelsestadium, trots att det skilde nästan tre veckor mellan fynden, och de borde inte ha funnits "rikligt med fluglarver" på båda fyndplatserna om kvarlevorna lämnades i juni. Det verkar som om da Costa avled senare än man har trott, och frågan är om vissa kvarlevor förvarades på en kyld plats – det är svårt att hitta en annan förklaring till att kvarlevorna var i ungefär samma förruttnelsestadium.

Det exakta skeendet är såklart höljt i dunkel, men det står klart att polisen och den rättsmedicinska expertisen förbisåg grundläggande fakta när tid-punkten för da Costas död skulle bestämmas.

Den mänskliga förruttnelseprocessens grundstadier är välkända. Kunskapen om förruttnelsens stadier borde ha varit användbar när polisen tog sig an fallet och försökte skapa en tidslinje. En detalj som vi kan lägga märke till är naglarna. Da Costas händer hade naglarna kvar, men två mån-ader efter döden borde nog naglarna ha fallit av. Fingrarna och händerna var för övrigt inte angripna av råttor, vilket är ganska förvånande.

När kvarlevorna obducerades noterade man deras förvånansvärt goda skick, men inga djupare slutsatser verkar ha dragits.

Efter en månad upplöses mjuka vävnader, de förvätskas, men ingen av kvarlevornas mjuka vävnader var förvätskade.

Det noterades att huden var fragmenterad, och det fanns tydliga hudblåsor. Hudblåsor bildas snart efter döden, och efter ett par veckor försvinner blåsorna. Det borde inte ha funnits några hudblåsor på kvarlevorna om de ruttnade i fem veckor respektive två månader, och återigen motsäger fakta den verklighetsbeskrivning som blivit allmänt accepterad. Redan från början motsade grundläggande fakta den tidslinje och den brottsversion som okritiskt accepterades av polisen, allmänheten, rättsväsendet och media.

Att döma av kroppsdelarnas skick så lämnades de inte på marken i början av juni. Det är nog mer rimligt att anta att kvarlevorna som hittades vid Ekelundsvägen lämnades i skiftet mellan juni och juli, varefter det gjordes en paus, och kvarlevorna som lämnades på Eugeniavägen lämnades kanske i slutet av juli. Stämmer detta så var lämnandet av säckarna ett komplicerat, långdraget företag. Det vore inte förvånande. Likstyckningar är vanligen röriga, klumpiga och oplanerade. Och kanske hade den eller de som hanterade da Costas kropp diverse personliga åtaganden som störde skeendet.

Vi har tidigare diskuterat asätare och deras frånvaro i utredningen, men det finns fler djur att ta hänsyn till, nämligen hundarna. G*** S*** (fastighetsskötaren som tipsade polisen om säckarna vid Ekelundsvägen) sa att han brukade rasta sin hund i naturområdet rund fyndplatsen, och det fanns också många andra hundägare i området. Flera frågor infinner sig.

Hundar har ju extremt bra luktsinne, och det är märkligt att hundarna i området inte reagerade när da Costas kvarlevor började ruttna, om de nu lämnades på marken i juni, och det är märkligt att G*** S*** väntade så länge innan han kontaktade polisen - han sa att säckarna hade legat på marken i ungefär en månad, och han borde ha besvärats av den liklukten ganska omgående. Och dessutom kontaktade han bara polisen i förbifarten, när polisen råkade träffa honom, på grund av en missuppfattning (grannarna trodde att G*** S*** var en inbrottstjuv). Polisen borde kanske ha talat mer med G*** S*** när det fanns möjlighet. Han är nu död sedan många år.

Vi kan för övrigt notera att den 18/7 1984 var en Onsdag, och den 7/8 1984 var en Tisdag. Kanske använde den som lämnade säckarna två helger, då det var lugnt på fyndplatserna.

Och kanske hade säckarna börjat lukta innan de lämnades på marken. Det kan finnas en förklaring till att säckarna upptäcktes sent, trots att de luktade mycket illa. Kanske hade kvarlevorna börjat ruttna innan de dumpades.

## 42. Kvarlevorna

Catrine da Costa är ett av den svenska kriminalhistoriens mest exploaterade brottsoffer, vars öde har diskuterats offentligt i mer än trettio år, och bilder av da Costas kvarlevor finns dessutom i polisens offentliga förundersökning, tillsammans med detaljerade obduktionsprotokoll. Och det vore väl taktfullt och etiskt tilltalande att låta da Costas kvarlevor och styckningsförfarandet vila i det tysta, men det går inte att fullt förstå detta rättsfall utan att sätta sig in i dess rent medicinska aspekter. Kvarlevorna och styckningsförfarandet bildar ju fallets epicentrum, och det är nödvändigt att en gång för alla göra sig av med alla de missuppfattningar och folkmyter som grundlades av den jävige rättsläkaren Jovan Rajs, som hade personliga skäl att monopolisera och förvanska bilden av kvarlevorna.

I detta kapitel analyseras centrala delar av obduktionsrapporter som skrevs på sommaren 1984, innan fallet hade förorenats av privata och politiska intressen och media. De äldsta medicinska beskrivningarna av kvarlevorna är verkligen intressanta, och de har ingenting att göra med det skräddarsydda obduktionsutlåtande som Rajs skrev på vintern 1984, med klar avsikt att hjälpa polisen, som ville binda Rajs kollega Härm till fallet.

Åsikterna om kvarlevorna har varit många, helhetsbilden har varit ytterst förvirrad, och dessutom finns det flera utlåtanden som har skrivits av olika personer, men detta kapitel innehåller enkla, objektiva, grundläggande fakta, och det är relativt enkelt att bilda sig en sund uppfattning om kvarlevorna, oavsett vad man har för erfarenhet av medicinska frågor.

Vi kan börja med att konstatera det uppenbara: ingenstans hos kvarlevorna fanns det minsta säkra spår av medicinskt handlag. Idén att en läkarkunnig person stod bakom styckningen var helt och hållet Rajs idé, och han fick också stöd av kollegor, som underbyggde hans påståenden och spelade polisen i händerna.

Det fanns en kollektiv vilja att distansera sig från Härm, skydda rätts-läkarstationens rykte och vårda egna karriärer, och i detta sammanhang var Rajs kollega Kari Ormstad särskilt intressant. Förhören med henne visar hur snabbt fallet förvreds och korrumperades. Hade Rajs och hans kollegor förhållit sig professionellt och objektivt till fallet hade da Costas kvarlevor inte blivit mytologiskt allmängods. Och låt oss nu granska medicinska fakta metodiskt.

Hela kroppen återfanns aldrig. De kroppsdelar som hittades var övre delen av bålen, bäckenpartiet, låren, underbenen (med kvarsittande fötter), armarna (med kvarsittande skulderblad och händer) och ett bröst.

Da Costas kvarlevor var blodfattiga och mycket förruttnade när de hittades, och i plastsäckarna fanns rikligt med likmask och likvätska. Det borde alltså ha varit mycket svårt att urskilja fina detaljer och knivsnitt som kunde avslöja eventuella medicinska yrkeskunskaper hos styckaren, och de kroppsområden som ansågs bära spår av medicinskt handlag är primitivt angripna.

Orsaken till blodfattigdomen är okänd, men det är rimligt att anta att da Costa dödades, och hon avled möjligen till följd av stickande och/eller skärande våld mot buken och/eller halsen. Det kan noteras att halsen, den främre bukväggens nedre del (området mellan naveln och blygdbenet), bukens inälvor och bäckenets inälvor avlägsnades av styckaren, och dessa kroppsdelar återfanns aldrig. Skälet till att avlägsna inälvorna, halsen och en del av bukväggen kan ha varit att dölja spår av våld. Den övre bålen innehöll däremot samtliga organ när den hittades, och organen var intakta.

Kriminalstatistiken säger att många mord och dråp utförs med stickande eller skärande vapen. I de kretsar där da Costa umgicks bör också en kniv ha varit ett vanligt vanligt vapen. Och som framgår av bokens tidigare kapitel huserade våldsbenägna personer nära FP2. Två av dessa våldsbenägna personer (Robert och Monika) utreddes för misshandel vid ett flertal tillfällen, och enligt polisens anteckningar använde både Robert och Monika kniv som vapen.

Monika nämnde också en speciell kniv vid ett tillfälle när polisen besökte hennes lägenhet, på våren 1986. Monika hade blivit misshandlad, och hon sa att en av männen i lägenheten hade "en mycket stor kniv". Kommentaren är lite intressant. Monika kände den våldsamme alkoholisten Robert väl, han var knuten till Vincent och Eugeniavägen, Monika hade en mycket våldsam hemmiljö, och hon bodde knappt en kilometer från FP2 – och da

Costas kvarlevor hade flera skador som antagligen hade gjorts med en kniv. Att döma av skador på skelettet (längst upp på lårbenen) var det en grov kniv, och kanske var det en ovanlig kniv.

En ovanlig kniv som används för att stycka en människokropp kan ha ett ekonomiskt, emotionellt och praktiskt värde för ägaren, och om styckaren använde en ovanlig kniv är det möjligt att han behöll den efter styckningen. Dessa spekulationer kan verka märkliga, irrationella. Det vore väl naturligt och logiskt att göra sig av med sin kniv efter styckningen, men vi kan inte vänta oss normalt logiskt tänkande och normala känslor i dessa sammanhang. En människa som klarar av att stycka en kropp och dumpa kroppsdelarna som sopor är antagligen gränsöverskridande och psykiskt avvikande på ett grundläggande sätt. En sådan person resonerar på ett sätt som få människor förstår, och personen som styckade da Costas kropp var nog emotionellt avtrubbad. Det vore inte helt förvånande om den personen behöll kniven som användes. I miljöerna där da Costas levde fanns få gränser och vad som helst kunde ske.

Ryggraden delades nedtill, vid tredje ländkotan. Kotans hade en kilformad skada som tydde på att ryggraden hade angripits bakifrån. Det fanns också kilformade skador på ett organ – diafragmavalvet - i övre bålen. Dessa skador var riktade framåt.

Den nedre delen av bålen var täckt av hud på baksidan, men nedre delen av bukväggen saknades, liksom blygdtrakten med yttre könsorgan och ändtarmsöppningen. Obduktionsprotokollet nämner en så kallad blygdtraktsdefekt, vars detaljer tyvärr är oklara, men tydligen var både bukväggens och blygdtraktsdefektens kanter "mjuka och fransiga, stadda i sönderfall". Detta är intressant.

En vanlig uppfattning har varit att da Costas underliv och ändtarm skars ut av perversa skäl, men helhetsbilden är oklar, det finns inga skarpa snitt-ytor, och vi vet inte om underlivet angreps utifrån eller inifrån, och hur mycket av underlivet som gick förlorat under förruttnelseprocessen. Bäckenpartiet var för övrigt tomt på inälvor och "utfyllt av mörjiga massor i sönderfall", och vad dessa "mörjiga massor" bestod av vet vi inte idag. Och underlivet och ändtarmen kunde självklart ha skadats samtidigt som bäckenet tömdes av praktiska skäl, och det kan ju ha tömts inifrån. Det exakta förfarandet kan vi inte ens gissa oss till.

Eftersom bäckenpartiet var förruttnat var det naturligt att underlivet och ändtarmen var illa åtgångna när fynden gjordes. Öppna sår påskyndar också förruttnelse, och en styckad kropp är naturligtvis särskilt sårbar för insekter och likmaskar.

Det är fullt begripligt att dessa kvarlevor väcker en morbid fascination, både på grund av offrets destruktiva livsföring och kvarlevornas dåliga skick, och bäckenpartiet och brösten har självklart varit föremål för spekulationer och vilda teorier. Och som vi vet har flera personer och grupperingar lanserat väldigt fantasifulla medicinska tolkningar som tyvärr har fått fäste i det allmänna medvetandet. Den allmänna uppfattningen har varit att da Costas kropp styckades av perversa skäl, men det finns ingenting hos kvarlevorna som entydigt säger att det var så. Och för att förstå styckningsförfarandet behöver vi veta vem eller vilka som styckade kroppen – och vi behöver en detaljerad personlig redogörelse, en ögonvittnesskildring av styckningen, men en sådan kommer vi aldrig att få.

Det finns många faktorer att ta hänsyn till när en styckad kropp och en tänkbar, anonym gärningsman ska bedömas, och det är vanskligt att försöka gissa hur en likstyckare har tänkt. Gärningsmannen kan påverkas av extrem stress, vrede, alkohol, psykisk sjukdom, narkotika, fysiska omständigheter, krävande och nära relationer, förvärvsarbete, diverse dagliga plikter, slumpen, relationen till offret och personliga böjelser. Alla faktorer kan samverka på ett ytterst komplicerat sätt, och det är inte lätt att förstå hur en likstyckare har känt och resonerat, även om personen redogör för förloppet själv. Och så länge som gärningsmannen är okänd kan bara tidigare fall, kända fakta och statistik vägleda oss.

Varje likstyckning är unik, och det finns få fall som kan jämföras med varandra, men vi vet att lik brukar styckas av praktiska skäl, för att kroppen lätt ska kunna fraktas bort, oftast från en urban bostad, och vi vet också att likstyckningar brukar omgärdas av sociala problem. Det finns ingenting hos da Costas kvarlevor som tyder på att den eller de som var skyldiga till styckningen (och som förmodligen dödade da Costa) skulle avvika från det kända kriminologiska grundmönstret. Den eller de personer som polisen borde ha letat efter liknade antagligen da Costa, delade hennes livsföring och kände henne personligen. Vi kan vidare anta anta att den eller de som styckade kroppen lämnade någon sorts personlig signatur. Styckningens egenheter säger nog någonting väsentligt om den eller de som styckade kroppen. Styckningen av da Costas kropp är som helhet grov men fullt rationell ur transportsynpunkt, och hade styckaren professionella kunskaper som underlättade hanteringen så tillhörde dessa kunskaper möjligen en jägare eller en slaktare, och vi ska återkomma till den eventuella yrkesaspekten.

Kroppen angreps systematiskt och symmetriskt, bland annat i lederna (som är naturliga delningspunkter), men med ett undantag. Vänster ben delades strax ovanför knäleden, och kanske användes en såg. På baksidan av det vänstra lårbenet fanns flera tydliga fåror vars ursprung aldrig har utretts.

Det högra benet delades i knäleden, och det högra låret saknade muskler och hud nertill. Huden och muskelmassan slutade vi lårets nedersta tredjedel, och det fanns två ytor som mötte varandra i lårets främre medellinje, bildande en kil. Lårbenets nedre ände var frilagd. Det verkar som om hud och muskler medvetet avlägsnades från det högra låret. Orsaken till att det högra låret saknade hud och muskler nedtill är är omöjlig att gissa sig till.

Det högra knät har blivit mytomspunnet, och den allmänna uppfattningen har varit att höger knä var kirurgiskt och elegant delat, men höger knä var verkligen inte elegant delat, och någon kirurgs handlag gick överhuvudtaget inte att urskilja under obduktionen. Höger knä var i själva verket grundligt misshandlat.

Den högra knäleden hade fem stora skador som liknar avhyvlingar, och knäskålen hängde kvar vid underbenet. Det fanns få blodkärl och senor kvar på knäleden. Direkt ovanför knäleden fanns en ful skada, ett djupt jack, och detta jack nådde ung till lårbenets centrum. Det verkar som om personen som delade knät använde stor kraft och gick på känn, utan att känna till väsentliga anatomiska detaljer, och antagligen betedde han sig på samma sätt när höftlederna angreps, vilket vi ska komma till senare.

Den övre delen av bålen innehöll samtliga organ, och båda brösten var avlägsnade, antagligen bortskurna med kniv. Halsen var jämnt avtagen i nivå med halsgropen. Bröstkorgens nedre del bestod av en manschett, bestående av bukväggens övre del. Manschetten var cirkulär, men avbruten i främre medellinjen av ett snitt som började vid bröstbenets nedre ände och fortsatte nedåt. På främre sidan av den övre bålen fanns två flikar. Personen som styckade kroppen hade inte skurit symmetriskt. Till vänster om snittet var manschetten ung. 9 cm lång, och till höger var den ung. 14 cm lång. Vid den högra delens nedre spets fanns en urgröpning. Detta var antagligen naveln.

Den övre bålens nedre hudkant var mestadels skarp. Bröstkorgens "botten" bestod av ett bevarat diafragmavalv som vid ryggdelen uppvisade några regelbundet formade kilformiga "defekter", och dessa var 2-3 cm långa. Spetsarna på defekterna var riktade framåt, vilket är ganska intressant. Det verkar som kroppen angreps från ryggsidan. Båda benen angreps antagligen bakifrån, liksom armarna (som togs av med kvarsittande skulderblad). En rättspsykiatriker skulle kanske säga att kroppen placerades platt på mage av defensiva skäl, och att gärningsmannen eller gärningsmännen medvetet distanserade sig från offret – men när ryggraden delades var ryggraden antagligen framåtböjd. Den tredje ländkotan hade en bara mindre skada, och kotan hade sannolikt varit mer skadad om ryggraden hade delats framifrån.

För att kunna dela ryggraden bakifrån måste styckaren komma åt utrymmet mellan två kotor, där ryggdiskarna sitter, och kanske hängdes kroppen över en badkarskant eller liknande. Ryggdiskarna skyddas av taggutskotten om en kropp ligger platt på mage.

Få snitt hade använts när brösten avlägsnades, och sårkanterna var jämna. Vävnaden under brösten var förvånansvärt oskadd, vilket verkar tyda på att personen som styckade kroppen hade någon form av handlag. Ingenting tydde på att personen som avlägsnat brösten hade sargat övre bålen och bröstområdet mer än nödvändigt, och hade styckaren haft entydigt perversa motiv hade han nog lämnat efter sig ett bisarrt mönster av komplicerade skador på det bröst som hittades och på vävnaden under och runt brösten. Och utan tillgång till styckarens personliga berättelse ska vi inte dra några avancerade slutsatser om bröstens avlägsnande, även om fantasin tenderar att leva sitt eget liv. Brösten kan ha avlägsnats av en mängd skäl, både praktiska och känslomässiga, och kanske ville styckaren utplåna kroppens könsattribut för att försvåra identifieringen, kanske ville han genomföra en mycket rigorös, detaljerad styckning, göra mindre delar än de som hittades, kanske blev han avbruten under styckningen. Möjligheterna är många, och vi kan inte ens gissa vilka motiv som fanns till att brösten avlägsnandes.

Armarna är däremot intressanta och användbara ur tolkningssynpunkt. Armarna avlägsnades på ett både ovanligt och effektivt sätt, men de har väckt förvånansvärt lite intresse, i motsats till brösten och bäckenpartiet, som lätt kunde exploateras av de som ville förvanska fallet och använda det för personliga, politiska och sensationsjournalistiska syften.

Båda armarna avlägsnades på samma sätt, med kvarsittande skulderblad, och det är värt att notera att styckaren hela tiden arbetade symmetriskt och rationellt, även om benen delades på lite olika sätt, antagligen med två olika verktyg. Med förvånansvärt få handgrepp lyckades styckaren skapa ett antal hanterbara kollin som alla krävde ungefär lika stor plats och som vägde ungefär lika mycket.

Styckaren skar runt och under skulderbladen, och fortsatte runt axelleden, så att bara nyckelbenen förband armarna med övre bålen. Båda nyckelbenen delades på samma sätt. Styckaren skar varsitt snitt i nyckelbenen och bröt dem sedan eller slog av dem, på samma sätt som en jägare eller slaktare, som snabbt och precist kapar ett djurs "nyckelben".

Det vänstra skulderbladet hade kilformade skador, två "insnitt". Insnitten fanns vid skulderbladets kant och mötte varandra på djupet. Det högra skulderbladet hade inga insnitt. Det fanns väl en viss osäkerhet hos styckaren, och han prövade sig nog fram, vilket är naturligt - han hade säkert inte styckat en människokropp tidigare. Det är extremt ovanligt att ett lik styckas, och flerfaldiga likstyckare är så ovanliga att de är helt försumbara i kriminalhistorien. Och vi kan notera den precision och handgriplighet som styckaren uppvisade, trots att han säkerligen inte hade styckat en människokropp förut. Kvarlevorna uppvisar få tveksamheter. Styckaren lyckades upprepa ett antal krävande moment utan misstag. Han angrep brösten, armarna, nyckelbenen och höftlederna symmetriskt. Båda höftböjarna var också avlägsnade och återfanns aldrig.

Höftböjarna utgörs av två muskelgrupper. Höftböjarna finns på båda sidor av bålen, har fästen ungefär mitt på ryggraden, sträcker sig genom bukhålan och slutar på lårbenen. En av de muskler som utgör höftböjarna motsvarar innerfilén på många slaktdjur. Höftböjarna avlägsnades fullständigt, och skälet till detta är oklart. Höftböjarna bör inte ha försvårat delningen av torson, och deras avlägsnade bör inte ha varit prioriterat av några som helst praktiska skäl. Det går att skönja en logik bakom buktömningen, men höftböjarnas avlägsnande är och förblir ett mysterium.

Händerna bar inga spår av våld, men den vänstra handen har varit före-mål för spekulationer. Den vänstra handryggen var en aning uppsvälld och miss-färgad. Underliggande vävnader var kraftigt blodfärgade. Det har antagits att handryggen hade en motvärnsskada (en skada som uppstår när ett offer värjer sig med armar och händer), men det finns många faktorer att ta hän-syn till – da Costa misshandlades i juni, och hon injicerade narkotika i händerna. Svullnaden kan ha uppstått långt innan döden, och den kan ha uppstått när da Costa injicerade narkotika. Att da Costa injicerade i händ-erna dokumenterades av sjukvården på våren 1984.

Nackkotorna har också varit föremål för spekulationer, tillsammans med den vänstra handryggen, bäckenpartiet, brösten och det högra knät. Enligt myten så hade en kirurgiskt kunnig person skilt huvudet från halsen, och den översta ryggkotan var påfallande jämn, men när kvarlevorna obdu-cerades fann man också en mängd "benbitar" av varierande storlek. Någon närmare undersökning av dessa "benbitar" gjordes aldrig. Idag är det omöj-ligt att säga var dessa "benbitar" hörde hemma och var de tog vägen, och det går inte att utesluta att några av "benbitarna" hörde till den översta rygg-kotan, som kanske verkade oskadd för att skadat benmaterial (från en för-störd överliggande ryggkota) fallit bort. Det kan också tilläggas att Härm och Allgén saknade utbildning i ryggkirurgi. De var varken mer eller mindre lämpade än någon annan för uppgiften att skilja ett liks huvud från krop-pen, och att göra detta samtidigt som man döljer en yrkesmässig signatur är borde ha varit väldigt svårt.

Höftlederna har varit omdebatterade, och det har bland annat talats om ett "medicinskt snitt", liknande det som en kirurg skulle göra, men det gick inte att bevisa att något sådant snitt gjordes, och det är väldigt enkelt att klargöra fakta. Låren var så förruttnade när de hittades att någon skarp snittyta inte kunde bedömas, och de mest intressanta spåren efter styckaren fanns på skelettet, inte i mjukdelarna. Båda lårbenshalsarna hade kluvits med en grov kniv som hamrats eller pressats in, och runt de huvudsakliga skadorna fanns flera små "kilformade" skador. Dessa skador uppkom nog när styckaren försökte hitta lårbenshalsarna med kniven, och han visste uppenbarligen att lårbenshalsarna var svaga för angrepp, men han han var kanske osäker på hur de skulle lokaliseras.

Nedre delen av den främre bukväggen saknades, vilket har nämnts. Styckaren hade skurit rakt ner på bukens sidor och svängt med kniven nära blygdbenet, skapande en halvcirkel, och vid bröstbenet hade han skurit ett lodrätt snitt. Detta snitt var omgärdat av två hudflikar, och detta har kommenterats i början på kapitlet.

Det är tänkbart att bukväggen och de inre bukorganen avlägsnades för att dölja spår av stickande och/eller skärande våld. Någon annan orsak till att avlägsna halva bukväggen är svår att tänka sig. Bukhålans organ var avlägsnade och återfanns aldrig, men avlägsnandet av bukväggen var inte nödvändigt för att buken skulle tömmas.

Den fullständiga tömningen av buken och bäckenet är intressant, och återigen: kan vi skönja ett yrkesmässigt handlag så tillhörde det nog en slaktare eller jägare. Slaktare och jägare tömmer rutinmässigt djuren på inre organ, och slaktare och jägare använder termen "sotning". Sotning innebär att inre organ avlägsnas snabbt och effektivt, med få handgrepp. Det är tänkbart att kroppen sotades, och organtömningen kompletterar hur som helst bilden av styckaren, tillsammans med armarna och nyckelbenen.

Kroppen har troligen styckats av någon som var van att arbeta med händerna, någon som uppvisade liten tveksamhet, och det är rimligt att anta att styckaren hade erfarenhet av att stycka djur.

Styckaren hade troligen arbetat under stor tidspress, liksom de flesta andra likstyckare, men han hade ändå arbetat systematiskt, och det är också värt att notera att plastsäckarna han använde kom från samma rulle, och de revs av i en viss ordning. Polisens tekniker har kunnat skönja en klar logik när de studerade säckarnas perfo-reringskanter. Det verkar som om styckaren rev av säck efter säck, allt efter-som styckningen fortskred.

Uppgiften att stycka ett lik är överväldigande för de flesta människor, totalt otänkbar, och personen som styckade da Costas kropp var säkerligen en avvikande person, även om detta inte behövde vara uppenbart för en ytlig betraktare. Den som styckade kroppen lyckades bemästra sina äckelkänslor under en komplicerad arbetsprocess, han lyckades systematisera arbetet, och han lyckades också förtiga sanningen medan da Costas anhöriga svävade i ovisshet och två oskyldiga personer anklagades för hans brott och fick sina liv förstörda.

Det är ganska enkelt att föreställa sig vilken *sorts* person som styckade kroppen, även om vi aldrig kommer att identifiera den personen, och det finns ingen anledning att tro att den personen avvek från det kända kriminologiska mönstret. Personer som styckar lik är ofta tydligt dysfunktionella, de har ofta sociala problem, de är psykiskt avvikande, och de är oftast lågutbildade. Detta kan låta hårt och fördomsfullt, men så ser verkligheten ut.

Och som vi har sett fanns det flera personer nära fyndplatserna som passar in i det kända kriminologiska mönstret. Vincents biografi är naturligtvis alarmerande, men kretsen runt hans förslummade flyttfirma innehöll dessutom personer som polisen förväntar sig att finna när de söker en likstyckare och en tänkbar mördare.

Det är obegripligt att polisen misslyckades med att undersöka Vincent, hans bostäder, arbetslokalerna, fordonen, de anställda och de anställdas umgänge i och i närheten av fyndplatserna.

## Vidare läsning: Böcker/hemsidor

Anders Agell: *Anatomin av en Häxprocess* (Jure, 2004); "
*Styckmordsfallet" i Regeringsrätten* (Civilrättkonsult AG ; 2005)
Kristina Hjertén von Gedda: *Bortom allt rimligt tvivel* (Fischer & Co, 2005)
Kim Larsson: *Fallet da Costa - ett sorgligt stycke urban gotik* (Bod, 2013)
Per Lindeberg: *Döden är en man*, första uppl. (Dejavu Publicering, 2010);
*Döden är en man*, andra uppl. (Fischer & Co, 2008)
Norén: Styckmordet i Halmstad (Bonnier fakta, 2005)
Dick Sundevall: Det farliga Sverige (Lind & Co, 2013)

Anders Agells hemsida: andersagell.se
Per Lindebergs hemsida: mediemordet.com